富定位，穷定位

[英] 罗杰·詹姆斯·汉密尔顿（Roger James Hamilton）◎著

张　淼◎译

SPM

南方出版传媒

广东人民出版社

·广州·

图书在版编目（CIP）数据

富定位，穷定位 /（英）汉密尔顿；张淼 译．– 广州：广东人民出版社，2016.6

ISBN 978-7-218-10705-9

Ⅰ．①富… Ⅱ．①汉… ②张… Ⅲ．①私人投资 – 基本知识 Ⅳ．① F830.59

中国版本图书馆 CIP 数据核字（2016）第 016595 号

Fudingwei, qiongdingwei
富定位，穷定位
［英］罗杰·詹姆斯·汉密尔顿　著　张　淼　译

出 版 人：曾　莹

策　　划：中资海派
执行策划：黄　河　桂　林
责任编辑：肖风华　古海阳　张　静
特约编辑：涂玉香　张　艳
版式设计：张　英
封面设计：零创意文化 [876844894@qq.com]

出版发行：广东人民出版社
地　　址：广州市大沙头四马路 10 号（邮政编码：510102）
电　　话：（020）83798714（总编室）
传　　真：（020）83780199
网　　址：http：//www.gdpph.com
印　　刷：深圳市彩美印刷有限公司
开　　本：787mm × 1092mm　1/16
印　　张：16.5　　**字　　数：**220 千
版　　次：2016 年 6 月第 1 版　2016 年 6 月第 1 次印刷
定　　价：38.00 元

如发现印装质量问题，影响阅读，请与出版社（020-83795749）**联系调换。**
售书热线：（020）83795240

权威推荐

解鹏里　《理财》杂志社社长兼总编

《富定位，穷定位》道出了理财的核心：先认清自己在财富灯塔上的位置。这本书不仅让你认清这一点，还根据你的位置帮你量身定制了攀登财富灯塔的方式，让你更快速实现财务自由。每一位想改变目前财务状况的人都应该认真读一读这本书。

毛丹平　《21世纪经济报道》理财方程式专栏作者
个人理财专家

我们中国有句古话叫“君子爱财取之以道”，本书的作用就是帮助我们找到独属于自己的“道”。作者不仅帮助读者细细分析自身的财务状况和致富能力，还为不同能力类型定制了专属的财务自由之路，引导读者自然而然地过上富足的生活。这种“顺应天性、顺势而为”的方式，让我们可以在理财致富的同时，也充分享受自由的生活和人生。

刘春芸　RTC 人才发展商学院江西分院院长

本书的开篇理念——“赚钱，从认识自己开始”，一语道破财富寻求应由内向外的真谛，与我从事 RTC 人才发展咨询时，坚持多年的“性格决定命运，优势决定成就”的核心价值相一致。财富持续增值的秘密在于找到自我增值的方向、层级和领域，只有发挥自我优势才算找到印钞机，才能打开财富之路。

自 序

财富GPS，让你直达财富金字塔尖

1988 年香港的圣诞节：那年我 19 岁，正在和家人坐在一起畅谈我们 30 年后生活的地方。让人感到惊奇的是，我们幻想的竟是同一个情景：我们在天堂般的海岛上拥有一间度假屋，在那里度过了美好的时光。虽然我并非出生于富裕家庭，买不起度假屋，但在巴布亚新几内亚的海滩上度过了快乐的童年。相比之下，香港是如此无趣。

圣诞节那天，我们都认为那个梦想很棒，但并没有想过要真正实现它。随后我进入大学，开始学习建筑设计。当七年制课程进入到第五年的时候，我突然意识到，如果想要学有所成我还需要再磨砺数十年。我不想等到六十几岁才获得成功！这时候，我想到了那个曾经的梦想，我想实现它。但如果我坚持要当建筑师，即使再过 30 年也不一定能实现。

我需要重新选择一条能够更快取得成功的道路。我决定退学，然后开始寻找这条道路。

重新选择人生道路对于我来说是一个难题，尤其当我面对父亲的期望时。父亲一直希望我成为一名建筑师。在我做决定的那天，我给父亲打了一个电话，对他说："爸爸，就算我将来要涉足建筑设计领域，也不会是以建筑师的身份，我会成为那栋大楼的主人，雇用最顶级的建筑师为我工作。"然后我等待着他的回答。我的父亲很惊讶，听起来对我有些失望，但最后对我说："如果那是你必须做的事，就去做吧！"于是，我决定和一个朋友合伙创办一家出版公司，在资金紧缺、经验不足的情况下，我开始了创业生涯。

那就是我在二十八九岁时的经历。5年之后，我居住在新加坡，经营着一家房地产杂志社。这就是我当时所获得的成绩！我一直梦想成为百万富翁，但那似乎只是一个缥缈又遥远的梦。

债务暴增、车被拖走、遭人耻笑，这些都是财富助推器

那时候我处境艰难，债务不断增加。虽然我工作非常努力，但回报甚少。我感觉自己别无选择：当时公司正处于发展期，我必须雇用另一个人来帮忙打理公司的事务，或投入更多的金钱对公司品牌进行营销宣传，以此扩大公司规模。在我看来，生意一旦成功，我就会获得加倍回报。我认为要想得到丰厚的回报，就需要将之前赚来的所有资金全部投入生意中。这样的投资方式带来的恶果将以一种非常公开的方式展现出来。关于这一点，我将在下文中提到。

一天晚上，我一边往家走，一边思索着明天的日程安排。突然，我发现我家门口那条街有点喧闹。我听到有人在尖叫，实际上，那声音听起来更像是哭喊。邻居都在街上看热闹。等走近一些，我才发现邻居们围观的正是我家。正在哭喊的女人是我的妻子雷娜特，我们一岁的女儿凯瑟琳悲伤地躺在她的臂弯里。一个男人正在用吊车抬起我们的汽车，雷娜特恳求他停止行动。我立马跑了过去。"你不能拖走我们的汽车，求求你……"我听到雷娜特向那个男人恳求道。她环顾了一下四周希望得到援助，然后看到了我。

"发生了什么事？"我问道。

我的提问就好像我毫不知情一样，但实际上，我知道自己又迟交了购车贷款。雷娜特提醒过我，我也保证会按时缴纳车贷，但是我没

有遵守承诺。原因很简单，我在银行里的存款不够还贷。虽然表面上看我很光鲜，但实际上我的负债在逐月增加，我盼望着某天能扭转这个被动的局面。现在，当这个男人准备把我们的汽车拖走的时候，街上的邻居们都知道我家遇到了财务问题。

“明天我们就能补上车贷！”我告诉这个卡车司机。

他只是摇了摇头，然后递给我们一张粉红色的字条。“在这里签字，”他对我说，“如果想要取回你的车，就打上面的电话。”

我看着他把我们的车拖走，雷娜特满含羞辱地走进屋子。邻居们向我投来同情的眼光，然后一个一个回家去。现在，街上空空荡荡只剩下我一个人，没有钱，没有车，没有自尊。显然，我已经否定了我所谓的成功，表面上的光鲜让我的家人和我自己遭受了身心的伤害。

站在空无一人的街道上，我做出一个决定：彻底改变我做事的优先顺序。但是我到底该怎么做？我以前也曾经尝试过改变，但都没有用。我读过很多有关理财的书，它们都建议要首先支付自己的账单，但没有哪本书告诉我，怎样才能运用自己的天赋，轻松地赚到更多的钱，足够支付各种账单。

我也读过很多有关成功、领导力和创造财富的书，但读得越多，我就越困惑：每多读一本书，就会发现本书里提出的建议，似乎和上一本书中的观点互相矛盾。比如，有的书强调攀登职业阶梯的重要性，有的书则告诉我，我不可能通过一份工作获得财富，只有创办自己的公司才能变得更富有；有的书告诉我，要有激情地追寻自己的兴趣；有的书又告诉我要努力实现自己的目标，做自己该做的事情；有些书鼓励我要勇往直前，敢于大胆冒险；有些书则建议我谨慎小心，踏实前进；有些书认为，获取财富的关键是进行股票和期权交易；有的书则建议我从事网络营销或房地产投资行业。

这些书的观点让我感觉头昏脑涨不知如何自处。于是，我开始把目光转向商界名人，希望从他们口中获得一些实际经验。但他们也没有提供更好的答案。理查德·布兰森（Richard Branson，维珍品牌创始人。——译者注）认为，对企业家来说，最为重要的是冒险精神，而杰克·韦尔奇就证明，你可以通过为稳步前进登上职业巅峰；奥普拉·温弗瑞让我们知道明星的耀眼光芒与魅力具备强大的力量，而马克·扎克伯格穿着连帽衫也能编写出改变世界的电脑程序。

事实上，我完全不知道该听谁的观点。在走投无路的情况下，我最终选择了一种最常用的经验学习方法：试错法。我就是用这种方法领回了被扣押的汽车。那个晚上，我在绝望中决定：与其在不同的建议中迷失，不如专心寻找属于自己的道路。这个决定不仅促使我找到了发展方向，而且为我的事业描绘出了一幅完整的创富图。

你在财富金字塔的哪一层？

几十年后的今天，我在梦想中的巴厘岛度假屋撰写这本书，讲述自汽车被拖走那一晚之后，我所学到的一切。在巴厘岛居住的近10年中，我经营着好几家企业，同时为具有全球影响力的企业家提供财富辅导。

一路走来，我做过许多决定，其中有好有坏。当我怀揣梦想，创办第一家企业时，并没有立刻取得重大突破，也没有顺利走上财富创造方法。但我决定坚持梦想，并制订出清晰计划，是在开始创业的3年后，那个汽车被拖走的晚上。

那个晚上，我第一次为自己制订了一个个人收入计划，并把该计划放在比企业发展计划更重要的位置。我开始关注自己的优势是什么。我不再把生活费用投资到企业，以期公司能够日进斗金。我确立了目标，并制订计划保证个人净现金流每三个月增加一次。

执行计划的第一个月，我的现金流就转负为正。在执行计划6个月之后，每个月除支出以外，我还能盈余500美元。我决定把这笔钱储存起来。接下来的两年里，我的账户中可供投资的现金流增长到了每月 10 000 美元。就这样，我在 30 岁前就身家千万，拥有了足够的金钱和时间支持家人的生活和事业的发展。

换句话说，在汽车被拖走那一晚，我迈出了探索百万富翁成长计划的第一步。现在，我很乐意把这个计划与你分享：选择目标，扫清一路上的障碍,最终抵达目的地。百万富翁成长计划中很重要的一点是，你要知道自己想去哪里，即使你不知道自己是谁或身处何方。

百万富翁成长计划将为你提供通往成功的 GPS 定位系统。GPS 定位系统的功能比地图更强大，它会向你展示你在哪里以及将去往何方，并绘制最佳路线，揭示抵达目的地的具体步骤。这就是我给你的承诺：基于你原本的发展路线，让你对现在与未来拥有清晰的认识。

从青少年时期创办第一家公司，到 20 多岁时经历十几家公司的创办、出售、破产、失败与发展，再到 30 多岁时对成千上万名企业家进行指导并与之合作，我越发清晰地发现，在通往财务自由的道路上，我们与其他人经历着相同的学习与突破阶段，我们在同一幅地图上不断行进，只是我们身处的位置各不相同。这幅地图也就是百万富翁成长计划，它不仅是一幅二维的地形图，更是藏身于我心中的那位建筑师设计的三维蓝图——财富金字塔。

财富金字塔有 9 层，对应着财富的 9 个阶段：牺牲品、幸存者、劳动者、独奏者、合奏者、指挥家、受托者、作曲家和传奇。跟爬山一样，你的策略和工具决定着你能达到的高度。你我都处在财富金字塔的某一层，接下来要做的事情取决于我们目前所处的层级。

在准确判断自己的层级之前，你必须先知道你要从灯塔的哪一面进入。财富金字塔有 4 个面，对应 4 种创造财富的财富优势类型，分别是发电机型、火焰型、节奏型和钢铁型。

我会在本书的第 1 章～第 2 章介绍这 4 种类型以及其与财富金字塔的关系。了解了这些基本知识之后，你才能集中精力领会本书的第 3 章～第 5 章和第 6 章～第 8 章。我们将谈到扩大正向现金流的前 6 个层级、如何设计理想中的生活以及如何发挥你的潜在影响力。

每个人的身体里都住着一个天才。一旦认识到这一点，我们就可以找到自己内在的指引系统。结果证明，多年前我从书里和商界名人身上吸收到的知识并没有错，如今的优秀商业作家也没有错，我们都在同一张财富地图上，只是所处的位置不同而已。如果站在这些作家对应的层级看待他们的观点，你会发现每一种观点都无比正确，但在层级不同的读者或是至高无上的上帝看来，那些观点往往自相矛盾。

信息与指南有别。信息是完整的地图，指南是如何从A点到达B点。在信息经济时代，你需要的不是更多信息，而是指南。当你知道自己身处何方以及将去往何方时，只要用GPS定位系统，就相当于拥有了指南，就一定能找到方向。但准确来讲，你需要的是适合自己的方向，不是适合每个人的方向，而是仅适合你和你的天赋的方向！所以你要迈出的第一步就是，立刻开始实行百万富翁成长计划。

过去10年，在与自全球80多个国家的企业家合作的同时，我一直在完善百万富翁成长计划。实际上，那些企业家都曾经凭借和百万富翁成长计划有关的指南，实现了从负债到创造百万财富的飞跃，他们创办出惠及数百万人的慈善机构，事业腾飞平步青云，并挣得更多与家人相处的宝贵时间。

正是那些企业家的亲身经历，让我能够非常自信地告诉你，不论你想要做什么，不论你的目标是减轻现金压力，为家人创造财富，还是让工作更有意义、更充实，你都能在百万富翁成长计划里找到独属于你自己的行动路线。

在继续阅读本书之前，你需要先进行一场百万富翁成长计划的测试，以便能够更准确的认识自己的天赋以及目前身处的层级。

在测试开始之前，我还要说一点：没有谁能独自一人攀登财富金字塔。事实上，要在财富金字塔攀登方法上取得不断进步，我们常常需要不同天赋才能的同伴来与我们互补。在你执行百万富翁成长计划期间，你会吸引适合自己的团队。我希望下一次由你来分享自己的故事。

我们拥有一个非常活跃的全球社区——GeniusU，在那里，我们会提供不同人不同阶段所需的各类支持。你可以在我们的百万富翁成长计划网站上讲述自己的经历或提出问题和意见，网址是 www.millionairemasterplan.com，同时我们还特别为中国读者建立网站 http://millionairemasterplan.com/cn。

我们都奔走在提升自己和身边人财富状况的旅途上，我把这个使命命名为“全球富裕”，我们的宗旨是共同创造更多，为世界贡献更多。实际上，购买本书就意味着你已经在制造影响力。

我将把本书获得的部分收益用于为孩子以及成人提供教育和财务培训。这样，他们就可以学到在这个瞬息万变的世界不断进步的技巧。非常感谢你加入我们的旅程，并用这种微小但非常重要的方式产生了影响。现在，你准备好了吗？让我们共创奇迹吧。

百万富翁成长计划测试

在阅读本书之前，你需要先进行测试，才能更好地理解与运用本书的内容，并且找到最适合自己的行动路线。登录 http://millionairemasterplan.com/cn，开始这项测试吧。完成之后，你将会收到两份测试报告：

- 第一份报告会告诉你你拥有 4 种财富优势（发电机型、火焰型、节奏型、钢铁型）中的哪一种。这是你阅读全书以及攀登财富金字塔的指南针。我将在第 1 章里讲述了解财富优势类型的重要性。

◆ 第二份报告会告诉你你目前处于财富金字塔的哪个层级。第2章会介绍财富金字塔及其各个层级。

为什么要形成两份报告？百万富翁成长计划的独特性在于，它既测量了你的性格（你的财富优势类型），也测量了你的发展状况（你的财富层级）。尽管你拥有的才能会基本保持稳定，但你的财富层级可以不断提高，因此我特意把测试结果分成两个部分。未来如果需要，你可以重新测试一遍财富层级，这样就能掌握在相应时间段内你的成长状况。

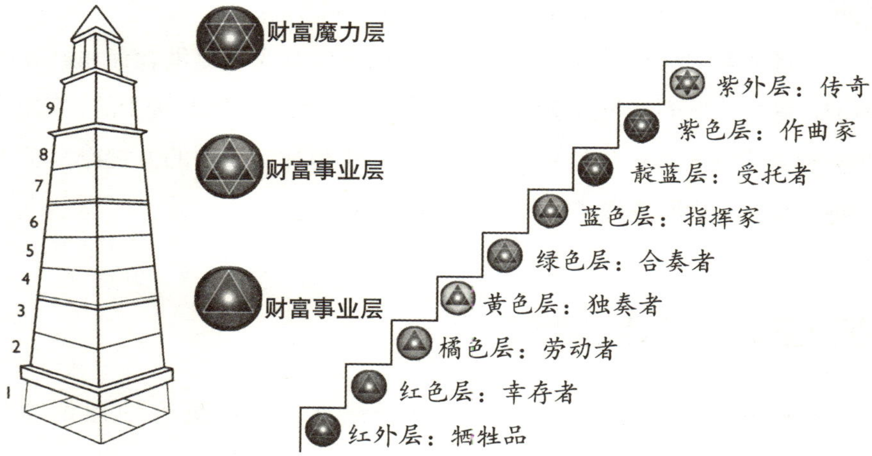

图 I　财富金字塔的 9 个层级

给缺乏耐心的读者的小贴士：如果你想跳过测试，直接阅读下一个部分，请不要这么做！以下是两点非常重要的原因：

第一，如果想知道前进的方向，你需要先知道自己身在何处。你将如何完成财富金字塔每一层级的修炼，并创造出何种财富取决于你的财富优势。在每个层级时，要选择哪一条攀登道路也取决于你的财富优势。可能你已掌握的创造财富的知识，既不适用于你所处的层级，也和你的财富优势类型不匹配，所以那些知识不会奏效，你最终只会浪费宝贵的时间和精力而已。因此，在阅读这本书时，你确保不要犯相同的错误。

第二，你需要和他人建立联系。生活中的大部分挑战来自我们没有和需要的人建立联系。你在网站上进行百万富翁成长计划的测试，就相当于在和 GeniusU 社区的志趣相投的人建立联系，同时你将获得大量免费的学习资料。

所以，不要直接跳到正文，请务必登录网站进行百万富翁成长计划的测试！

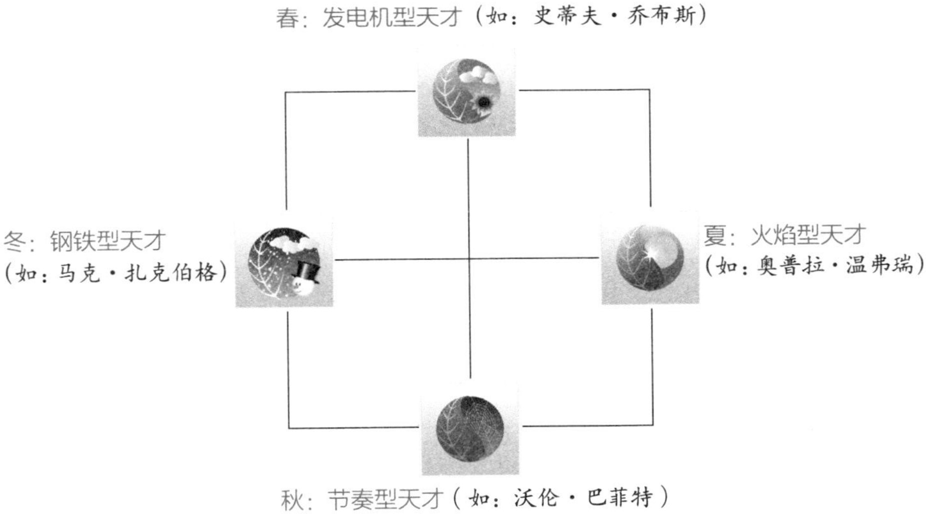

图 II　财富金字塔的 4 个面（4 种财富优势类型）

目 录

五行缺钱？你和世界，只差一桶金？很不幸，你可能落入财富金字塔的红外层了。一旦落入红外层，就算你日夜工作、玩命赚钱，也很可能于事无补。因为财富积累管道出现了裂缝，所以哪怕你飞快地赚钱，你的钱也会更飞快地流走！

意大利人卢西奥想在中国台北开餐厅，不同的文化冲突到底会让他的财富积累计划水土不服，还是如有神助？只会做会计的珍妮特被服务了20年的公司辞退了，上有账单下有学费的她是该继续深耕古板的会计生涯，还是换换跑道开启崭新人生？

第 5 章　如何上位到黄色层？锁定最适合你的利基市场　113

你遇到挣钱少的困难了？试试更换你的客户或者合作者。你遇到时间不够用的问题了？试试与人合作，然后彼此撬动对方的价值杠杆。看起来很简单？但这里面有个诀窍——拥有不同财富优势的天才，其价值杠杆各有特色，你最好找到你的黄金搭档。

第 6 章　如何上位到绿色层？你身边有同伴吗？　153

发电机型天才马特是一家物理治疗会所的老板，但客户只信任他一个人，这直接阻碍了公司的发展壮大。但马特束手无策：如果我不日夜操劳，谁来支付那些账单？火焰型天才斯科特掌管着一家国际房产公司，他整天世界各地飞来飞去，光鲜体面但忙极了。“你或许应该休息一下？”“但我找不到做得跟我一样好的人。”

迈克尔大幅涨租，房客纷纷搬往对面的香农路公寓。此举让他的下属疑惑不解，毕竟公司本来就已经盈利不菲。迈克尔对此的解释是：“只要保证了一定的入住率，并从房租中多赚 10 万美元，银行对这栋房产的估值就会提高 10 倍，而且会为我提供资金购买下一处房产。另外，香农路公寓也是我的。”

当谷歌创始人拉里·佩奇创建谷歌 X Prize 奖项支持无人探测器登上月球时，当维珍集团创始人理查德·布兰森赞助 NASA 进行太空探险时，当比尔·盖茨宣布他要找到根除小儿麻痹症的方法时，他们在创造什么？当你的目标变成你的人生，而你的人生变成一代人的标志，你就成了传奇。

第 1 章

财富金字塔的哪扇门为你打开？

你靠哪种优势赚大钱？

白手起家亿万富翁扎克伯格与 100 多年前的老牌企业家教父洛克菲勒拥有相同的财富性格？精力充沛的创意大师盖茨与擅长掌握节奏的感知天才巴菲特如何凭借各自的财富天赋轮流登上全球首富宝座？深陷债务深渊的人如何发家？在办公室里每一秒都如坐针毡的人如何致富？

4 种财富优势类型

发电机型天才：擅长创意
（代表人物：比尔·盖茨、史蒂夫·乔布斯）
火焰型天才：擅长人际交往
（代表人物：杰克·韦尔奇、奥普拉·温弗瑞）
节奏型天才：擅长感知
（代表人物：沃伦·巴菲特、迈克尔·菲尔普斯）
钢铁型天才：擅长处理细节
（代表人物：拉里·佩奇、马克·扎克伯格）

让我们做一个小实验：请在胸前交叠自己的双臂。看看你的左臂在右臂外侧还是相反。现在交换双臂的位置：如果原来你把左臂放在右臂外侧，现在就反过来，把右臂放到左臂外侧。你感觉自在吗？大部分人会表示否定，有些人甚至不能完成这种交换动作，因为这种感觉太不自然了。那是因为你做错了。当然，世界上没有标准的交叠双臂的方式，但有一种让你感到自然的方式。

每个人生来都拥有某种天赋，但随着不断成长，我们发现自己有太多不怎么擅长的事情，然后可能终其一生都自卑于这些不擅长的事情。我们努力克服自身的短处，却对自己的长处视而不见。在这方面，没有什么比学校更令人沮丧了。学校里的每个孩子都拥有不一样的天赋，但学校却用相同的试卷测试他们的能力，结果就是很多孩子丢失了自信和求知欲。为什么要尝试变成别人？原来的你就已经足够优秀了！

意识到自己拥有的天赋，就相当于在心中点亮一盏明灯。突然间，我们会意识到，获得成功不一定非要克服自己的弱点，而只需要寻找一条能够发挥自身优势的道路即可。我们大致可以把拥有各种财富优势的人分为 4 类（见图 1.1）：

- 热爱创造的发电机型天才。
- 热爱交际的火焰型天才。

◆ 热爱合作的节奏型天才。

◆ 热爱处理细节的钢铁型天才。

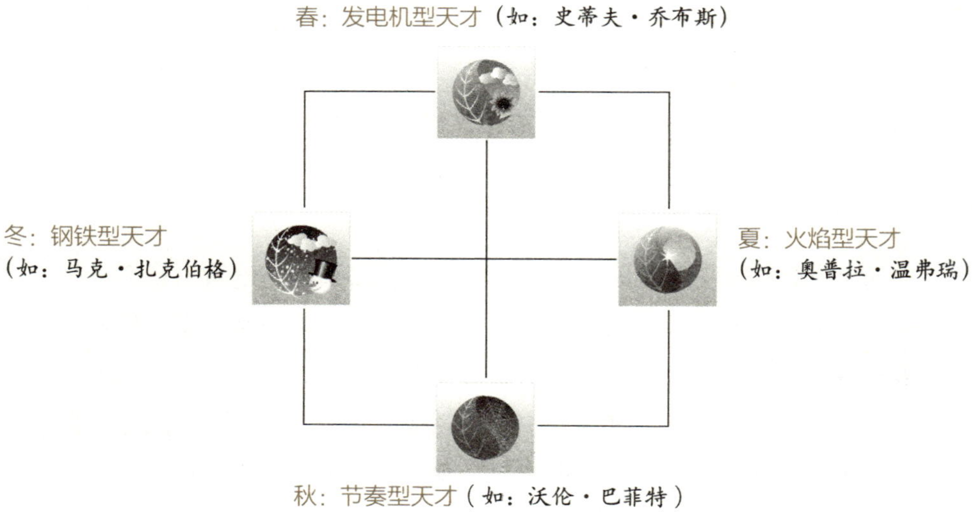

图 1.1　4 种财富优势类型

登录网站 http://millionairemasterplan.com/cn 进行测试，你就会收到相应的天赋报告，知道自己的财富优势类型。在继续前进之前，你还需要了解游戏的规则，这样，你才有可能成为你那个天赋类别中的赢家。

你的天赋：百万富翁成长计划指南针

你可以把天赋想象成运动项目。如果你知道自己最适合哪项运动，并掌握了这项运动的规则，那么你就可以集中精力打磨技能，进而精通这项运动了。谈到运动，我们知道，有时候，一项运动的规则刚好与另一项运动相反。例如，踢足球的规则就是你需要用脚踢球，而不能拿手碰球。而篮球比赛的规则则是，你需要用手持球，而不能用脚踢球。与之类似，如果你是火焰型天才，而你的工作却十分单调，是不需要和不同人接触的文书处理工作，那么，不论你是在当老板还是做员工，那份工作肯定都会令你痛苦不堪。

但如果你是钢铁型天才，你的工作却需要每天外出与不同的人打交道，那你一定会同样痛苦。但即便如此，你周围的人，你阅读的书籍，甚至你自己都可能不停地告诉你："要继续做下去，因为这是你的工作。"

然而，现实却不会改变：你每天都会觉得自己很愚蠢，想要迫不及待逃离眼前的一切。我见过一些正努力摆脱债务的人，他们被告知需要跟踪记录每一笔消费——这超出了他们的天赋范围。也就是说，他们正在玩一场根本不适合自己的运动！如果他们发现自己的天赋，就会采取不同的策略，然后就可以毫不费力地摆脱债务泥沼。

我也见过这样的人，他们每天在办公室里都如坐针毡，每一秒都想辞职，但他们又不知道如何找到一份自己喜欢又能保证收入的工作。我相信，等他们发现自己的天赋之后，他们的眼前会出现一条清晰的道路，身体会注入行动的勇气，甚至只需简单调整一下工作内容，就能取得成功，从此爱上自己的工作。

你拥有哪种类型的天赋？比如，我是发电机型天才，天生的创造者。管理账目对于我来说非常困难，所以最终我的现金流变为负，汽车也被拖走。了解自己的天赋之后，我才找到适合的发展道路，关于这一点我会在第 3 章具体讲述。这就是为什么我说，**你的天赋就是你实施百万富翁成长计划过程中的指南针。**

你拥有哪种类型的财富优势？

4 种财富优势类型的概念可以追溯到 5 000 年前，它和古代中国和印度思想文化中所阐述的构成物质的 4 种元素有关。亚里士多德和柏拉图也有相似的学说。4 种财富优势类型的原生概念非常古老，在此我们将用一种全新的方式阐述这些概念，帮助你积极探索，以找到一条适合你的、阻碍最少的、通往财富与成功的个人发展道路。

正如你在接下来的表格里看到的那样，充分发挥每种天赋的方式不同，运用这种天赋管理时间和金钱、构建人脉以及组建团队的方法也各不相同。每种天赋都有与之对应的成功方法和失败方法，而你的成功方法或许恰是他人的失败方法。财富优势类型反映出你拥有的最强的元素，这种元素与其他元素一起，构成一种动态发展路线，一如四季变换。

天赋会影响我们前进的方向、爱好、沟通方式以及营销理念。包治百病的万金油型书籍往往强调"成功的道路只有一条"，这就是为什么这类书的观点常常会互相矛盾。它们就像失败的减肥方法，强迫你改头换面，就像你瘦了之后就会变成另外一个人似的，但实际上，你还是你，只是更加健康而已。我想说的是，在制订减肥计划时，你首先要知道自己擅长什么。

我们不仅拥有一种天赋，事实上，每个人都或多或少拥有全部 4 种天赋。只不过，我们的某种天赋会比其他人更多一些。在你踏入财富金字塔之前，需要释放自己，真正理解这些财富优势类型以及它们之间的联系。

发电机型天才：擅长创意

假如我是独裁者，我就会信奉仁慈的独裁政权。

——维珍集团创始人 理查德·布兰森

发电机型天才有理查德·布兰森、比尔·盖茨、史蒂夫·乔布斯、迈克尔·杰克逊、贝多芬、托马斯·爱迪生和阿尔伯特·爱因斯坦。这些人把时间和精力集中在创造上，不会理会那些批评他们做事没条理或不够合群的声音。他们不担心丢三落四或被忽略的那些细枝末节。如今，人们记住了他们的卓越创造才能，他们最擅长回答“为什么”。发电机型天才的特点如表 1.1 所示。

表 1.1　发电机型天才

擅长	创造：发电机型天才擅长启动新项目，并推动其向前发展。他们比任何人都更能预见未来，能够凭借“外太空思维”和短暂的注意力获得成功。
不擅长	执行事务，制订时间计划，分清主要问题和次要问题，集中注意力：课堂上，发电机型天才常常开小差，以至于惹怒老师。
成功方程式	通过创新创造价值：发电机型天才拥有创造力，敏锐的洞察力及开创才能，他们会不断成长。
失败方程式	磋商和运用直觉：发电机型天才最不擅长规划时间，也不擅长服务或理解他人，他们不能够像钢铁型天才那样行动。
与之相对的类型	节奏型天才

火焰型天才：擅长人际交往

> 作为领导者，你需要夸大你所说的每个观点。你得把这些观点重复一千遍，并且夸张化。
>
> ——通用电气集团 CEO 杰克·韦尔奇

火焰型天才有比尔·克林顿、杰克·韦尔奇、奥普拉·温弗瑞、艾伦·狄珍妮（《艾伦秀》主持人）和拉里·金（《拉里·金现场秀》主持人）。这些具有超凡魅力的人把时间和精力集中在领导管理和人际交往上。他们不会理会那些批评他们不关注数字或没有进行充分计划的声音。他们从不担心注意力转移得太频繁，也不喜欢被困在办公室。

他们喜欢通过和人交往，在乐趣和变化中制造影响，因为他们最擅长回答“谁”的问题。火焰型天才的特点如表 1.2 所示。

表 1.2　火焰型天才

擅长	交流和沟通：火焰型天才很喜欢人际交往，他们会把人放在第一位，喜欢和他人交谈，听他人的故事。此种类型的人通过交谈和听故事学习。
不擅长	细节：火焰型天才最不擅长分析和计算细节。
成功方程式	通过夸大创造影响力：火焰型天才会问这样的问题：如何把这件事变得只有我能做到？他们会通过扩展人际关系建立自己的品牌。他们擅长夸大。
失败方程式	计算：当火焰型天才需要进行具体的计算工作，或身处不需要他们时刻参与的工作环境中时，他们就会陷入僵局。
与之相对的类型	钢铁型天才

节奏型天才：擅长感知

领导者必须时常听取他人的声音。

——美国第 28 任总统 伍德罗·威尔逊

节奏型天才有沃伦·巴菲特、乔治·索罗斯、伍德罗·威尔逊（美国第 28 任总统伍德罗·威尔逊。——译者注）、甘地、纳尔逊·曼德拉、特蕾莎修女和游泳天才迈克尔·菲尔普斯。

节奏型天才会把时间和精力集中在发展自己的感知能力和毅力上。他们不会理会那些批评他们不够强劲有力或政治嗅觉不敏锐的声音。他们做事特别仔细，同时希望被给予更充足的时间。

他们会保持冷静，脚踏实地，不慌不忙地完成任务，因为他们最擅长回答“什么时候”的问题。节奏型天才的特点如表 1.3 所示。

表 1.3　节奏型天才

擅长	脚踏实地，处理大量事务，亲力亲为，希望得到褒奖和夸赞：不要期待节奏型天才想出绝妙的创意计划，但他们会按时完成自己的工作。
不擅长	创新、公共演讲、战略规划、高瞻远瞩
成功方程式	通过制订时间计划创造价值：节奏型天才不需要创造任何东西，只要他们知道何时买入，何时卖出，何时行动以及何时推迟。
失败方程式	创意：节奏型天才最不擅长的就是在白纸上创造新东西，开辟通往成功的新道路，这没有运用到他们天生的感知能力。
与之相对的类型	发电机型天才

钢铁型天才：擅长处理细节

领导者的个人品质反映在他们为自己设定的行事标准上。

——麦当劳之父、快餐巨人雷·克罗克

钢铁型天才有著名企业家约翰·D. 洛克菲勒、亨利·福特、雷·克洛克、谷歌 CEO 拉里·佩奇、谷歌联合创始人谢尔盖·布林和 Facebook 创始人马克·扎克伯格。

他们会把时间和精力集中在建立系统和管理数据上。他们不会理会那些批评他们社交技能差或性格太敏感的声音。他们喜欢独处，而且其最棒的作品常常是把自己锁在办公室里时完成的。他们集中精力寻找更聪明、更系统的做事方法，因为他们最擅长回答“如何”的问题。钢铁型天才的特点如表 1.4 所示。

了解你的财富优势类型，能帮助你找到适合的参考书籍和学习榜样，并帮助你清晰地区分什么事情可接受，什么事情该拒绝。最重要的是，从后面的章节中你知道，你的天赋将指引你找到攀登财富金字塔最轻松的路径。你将找到属于你的“流”，且不是在一年或者一个月之后，而是今天，就是现在！

表 1.4　钢铁型天才

擅长	计算：钢铁型天才喜欢手册、指南，会为了理解全部信息而仔细阅读哪怕字号很小的说明书。他们会不慌不忙地做事，力求把事情做对。他们不会仓促行事，会细致地创造出一套系统，以建立自己的“流”（Flow）。
不擅长	闲聊和持续不断的沟通
成功方程式	通过事半功倍创造影响力：钢铁型天才喜欢问“怎样才可以让这个项目没了我也能正常运转”。通过创造系统，他们把事情化繁为简，事半功倍。
失败方程式	沟通：钢铁型天才常会吸光发电机型天才的能量（他们的金属斧头会砍倒发电机型人的创意之木）。如果和钢铁型天才接触太多的话，会令发电机型天才原本敏锐的头脑变得迟钝（正如火可以融化金属）。
与之相对的类型	火焰型天才

与天赋互补型天才“交流”

所有的生命系统都会流动，包括我们的身体、天赋、产品会、信息。财富也会流动，当财富之流交汇时，财富就会增长。你可以用贸易来想象这个过程：货船相继下水组成船队，船队汇聚在港口，于是城市因聚集大量资本而迅速发展。当道路和铁路把这些港口相连，资本就会汇聚，财富就会增长。我们会发现，当今世上，最富有的人都处于财富之流汇聚最密集的地区。

财富流和你的天赋及成功有什么关系？大有关系！当你认清到自己的财富优势类型之后，就可以走进你的“流”，然后把它变得更加强大。

不妨回想一下你生命中的那些艰难时刻，那时你一定是在努力克服自己的弱点，但这注定是一种失败的方法。回想一下你生命中的美好时刻，那时你似乎所有的一切都非常顺畅地自然流淌着，因为你是在顺应自己的自然天赋，使用了带领你走向成功的方法。现在，试想一下自己和其他天才合作的情景，他们拥有能平衡你弱点的天赋，这就是进入“流”的关键。

进入“流”之后，你的天赋就不仅是前进道路上的指南针，同时也将是蜡烛的火焰。我们常常会集中精力关注蜡烛身上的蜡，而忽略了火焰。当我们拼尽全力想要得到更多蜡时，其实是在进行一场零和游戏。即如果我获得了更多蜡，就意味着对方会获得更少蜡，即一个人想要变得更加富有，就意味着另一个人会变得更加贫穷。但如果我们关注的是蜡烛的火焰，影响力就会迅速扩大。一根蜡烛不会因为给另一根蜡烛点火而失去什么。我们启发和影响别人的举动也是同样的道理。我们会发现，除了影子我们并没有损失什么。这就是蜡烛燃烧自己的意义，也是我们攀登财富金字塔寻找的目标以及满足感的来源。

当你明白了朋友、同事、老板、家人的天赋之后，就能欣赏到他们的长处，并激励他们呈现出最佳自我。那些你不擅长的事情该怎么办？会有其他的天才给予你支持，他们拥有能补足你弱点的天赋。“流”不仅仅指你坚持的东西，也指你放弃的东西。我在汽车被拖走一年半之后，才初次理解这个重要概念，也因此取得了另一个巨大突破。

这是一个价值 100 万美元的巨大突破，它让我的现金流变为正向。作为发电机型天才，我一直头疼于管理公司的日常运作。我不想每天不是开会就是卖广告位；我想创造，想要更充分地发挥创造力。这时候，我的朋友帕特里克顺道来拜访我，他随口说道：“我打算先弄到 100 万。”

帕特里克是一名事业有成的房地产经纪人，但当时他说想弄 100 万美元用于自己创办公司。当时，我的公司每个月能赚大约 3 万美元。我的收入只够支付房租和基本的生活费用。相比正在酝酿创业点子的帕特里克，我已经在经营一家企业。他怎么可能弄到 100 万美元？我完全不相信他能办到。

帕特里克想和我合伙，但我没有答应。我的工作已经很忙，再没有精力应付他的“梦想”。然而，6 个星期还没过完，帕特里克就带着一张 100 万美元的支票回到了我的办公室，其速度之快一如当初我想也没想就忽略了他的提议。我惊讶得差点摔下椅子。

原来，帕特里克在报纸上了解到，当地有位天使投资人愿意为具有前景的新型高科技项目投资 100 万美元。于是，帕特里克去见了这位投资人，弄明白对方最想投资什么样的业务后，帕特里克就把它作为他将要创办的公司的主营业务，并制订了详细的创业计划。帕特里克运用了正确的策略：找到你的目标投资人，了解他的投资标准。

帕特里克带来支票的那天让我记忆深刻。那天晚上我回到家后，一直在琢磨自己是不是搞错了方向。每天，上万亿资金在全球市场上流动，就像河道里涌动的水流。

而一直以来，我都独自一人在沙漠里挖凿。这样下去，什么时候才能找到涌动的水源？如果仅仅依靠自己的创造力，我可能永远赚不到足够支付公司发展和个人账单的钱。如果我可以运用我所具有的发电机型天赋（帕特里克也是发电机型天才），和帕特里克一样找到风险投资，我一定也可以进入这股财富之流。

我决定放手一搏。我面临的第一个挑战就是时间。我一直都在独自经营公司，因为我一直认为自己雇不起任何员工。决定放手一搏后，我问了自己一个基本问题：我可以找一个比我还厉害的帮手，然后晚些再支付报酬吗？

答案是肯定的。我开始在出版界寻找能帮我打理生意的专业人才。不久，我找到了彼得·沃特金斯，他是一位钢铁型天才，是一家大型出版集团的资深出版人，行业经验比我丰富 10 年。

我和彼得谈了筹集资金的计划。我问他是否愿意超越现在的信仰，接受远低于目前收入的薪酬，加入我的公司，担任总经理的职位。我运用发电机型天赋向他展示了一个计划：我负责筹集资金，支持公司向更高水平发展；而他负责运用钢铁般坚强的天赋管理公司，并且推进我开启的事务。通过两人通力合作，我们都可以获得比现在更多的资源和成功机会。他的钢铁型天赋和我的发电机型天赋可以充分地配合，这样双方都会变得比独自一人打拼时更加强大。

彼得决定加入我的公司，这让我拥有了更多自由时间。不到一个月，我就开始带着计划书拜访风险投资公司。不到 3 个月，我就从 3i 公司（国际领先的私募股权投资公司。——译者注）获得了 300 万美元的投资承诺。那是当时的我见过的金额最大的支票。我甚至以最大尺寸影印了这张支票，并把它挂在了墙上。记得当时我是这么想的：3 个月前我累得像条狗，是因为我在朝和自己天赋背道而驰的方向努力，我试图让水往山上流而非顺流奔腾而下。

当然，实际情况并没有我描述得那么轻松，其中的细节我将在随后的章节中详细描述。即使如此，我也对自己的巨大转变感到非常惊讶：我已经从每天和客户会面销售杂志，获得几千或几万美元进账，转变成和投资者会面，通过出售公司的部分业务而获得百万美元。这种转变并不意味着我的工作强度发生了变化，而是围绕在我周围的“流”改变了。（天才也会很辛苦地工作，只是当天才身处自己的天赋之流中时，他们才不会感觉自己是在工作。）

人际关系也涉及天赋的正确发挥。我的妻子雷娜特是一位节奏型天才。我和她的天赋恰好相反。我们结婚 20 多年了，但在最初的几年里，我们并没有意识到双方存在那么大差异。我总是好奇为什么她不肯多冒风险；而她总想知道，为什么我那么喜欢开启新方向，接触新事物。差异导致争吵，因为我们都只从自己的角度评判对方。

当意识到双方的天赋正相反时，我们开始欣赏和理解对方，并意识到以前我们都是在强迫对方的“流”逆流。现在，雷娜特会让我拥有沉浸于发明创造的时间，我也知道她需要处理新信息的时间。我不再让她为难，或让她立刻做出某项决定。

第五元素，打通财富“流”

把这 4 种财富优势类型连接成一个循环通道的就是第五种元素。这第五种元素就是亚里士多德口中的“第一推动者”，是其他 4 种财富优势类型的源头，即水能，是“流”的基础。第五种元素形成了一个循环，循环始于水，也终于水。所有项目、企业、行业和国家从开始到结束，到再创造的过程都离不开这第五种元素。

第五种元素是你的性灵，你的进取精神。它也是所有循环的开端，即“为什么”。它会引申出其他元素的问题：“是什么”（发电机型）、“谁”（火焰型）、“什么时候”（节奏型）以及“怎么做”（钢铁型）。具体请参见图 1.2。

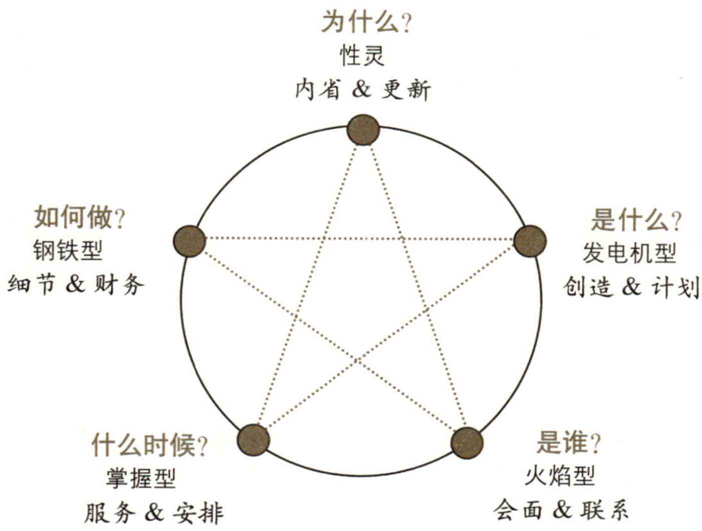

图 1.2　5 种元素

在下面的章节中，你会看到，在财富金字塔的各个层级，这个学习循环会和天赋一起出现。

本章概要

1. 你是一个天才：你的天赋是你完成百万富翁成长计划过程中的指南针。当你按照指南针指引的方向前进，你将会找到属于你的“流”。
2. 4种财富优势类型：
   - 发电机型天才擅长创意。
   - 火焰型天才擅长人际交往。
   - 节奏型天才擅长感知。
   - 钢铁型天才擅长处理细节。
3. “流”是获得财富的关键：我们越是顺应自己的天赋，发展自己的“流”，我们就能创造越多的财富。
4. 第五种元素把其他4种财富优势类型联系在一起，并提出了一个问题：为什么？这个问题会引申出其他4种元素提出的问题，分别是“是什么”（发电机型）、“谁”（火焰型）、“什么时候”（节奏型）以及“怎么做”（钢铁型）。

创造你的愿景和航线

为了找到前进的方向，你不仅需要明白自己身处何方，也要知道自己将去哪里，这就是为什么你需要创造一个清晰的愿景。那么为什么拥有清晰愿景的人那么少？因为人们总是说："我每天都有太多问题要思考，没有时间去想以后怎么发展。""我不想做实现不了的白日梦，到头来也只会失望。""我需要再想清楚一些才能决定走哪条路。"

我在担任创富导师的过程中，常常听到类似的理由。但没有清晰的目的地，会成为所有压力和不确定的导火索。如果你不知道目的地是什么，那么你的天赋指南针和财富金字塔路线图将无法帮助你。

你的愿景确定了你的目的地，并且描绘着理想生活的画面。你应该像完成代表作品一样创造愿景！一旦你确定了愿景，就可以用季度目标确定通往目的地的航线。如果确定了愿景，也收到了百万富翁成长计划的测试结果，你就能清晰地看到目前自己身在何方，以及在接下来的一年将去往哪里。

创造你的愿景

创造愿景时不能仅仅设定目标和想象。愿景指的是整体蓝图，蓝图的内容是你想在未来一年里让生活变成什么模样，它是你掌控之下的可预见的未来。

创造能够令你前进和激动的愿景，但不要设定连你自己都认为不太可能实现的目标。拿破仑·希尔在撰写《思考致富》(*Think and Grow Rich*)时，访问了美国最早期的亿万富翁和最优秀的企业家，并发现明确的愿景是他们获得成功的重要秘诀。在安德鲁·卡内基(Andrew Carnegie，苏格兰裔美国钢铁大亨。——译者注)、亚历山大·格拉汉姆·贝尔(Alexander Graham Bell，电话之父。——译者注)、托马斯·爱迪生、亨利·福特、约翰·D. 洛克菲勒等成功人士身上，希尔发现了一个共同点：他们都坚定不移地相信自己正在创造的未来。

在汽车被拖走的那个晚上我创造了第一个愿景。此后我每年都会写一份愿景计划。在日记里，我运用“回首来时路”和感激的力量，将愿景计划写得非常详细。以下是我的方法：

回首来时路：想象自己到了一年后的未来，然后作为未来的自己写一篇日志，回顾这一年的经历。可以“去年我完成了……”为开头，想象自己已经抵达了目的地。回顾比展望简单得多。

感激：在回顾时，我不会写“我感觉自己取得了很大的成功，因为我做到了……”，而是会心怀感激地写道：“我非常感激过去的这一年。这一年里，我完成了……”

通过“回首来时路”和“感激”，你会因为写出了未来愿景而感到满足和干劲十足。不要拖拉下去了，现在就行动起来！马上就全身心投入这项练习吧。给自己留出 30 分钟到 1 个小时即可。

假设现在是一年后的今天，运用我下面给出的提示写一篇日记，相信这些提示已经涵盖了你生活的方方面面。(你也可以多写几个段落，记录其他你认为重要的方面。)内容要写得尽可能详细，讲述你如何从现在的情况一步步走到一年后的这个目的地。

你可以写 2 页，也可以写 10 页。等你完成日记之后，问问自己是否被它激励了。如果没有，问问自己需要增添一些什么。最终完成之后，把日记复印一份，放在一整年都可以看到的地方。这就是你接下来的12个月里要努力抵达的目的地。我的提示信息如下：

- 日期：……
- 我很感激过去的这一年。
- 去年我完成了……
- 我的个人现金流……
- 我的资产……
- 我的时间……
- 我的工作/公司……
- 我的团队……
- 我的客户……
- 我的合伙人……
- 我的健康……
- 我的家庭……
- 我的朋友……
- 我的目标感……
- 我的成就……
- 我未来的一年……

确定你的航线

创造未来一年的愿景是第一步，第二步则是把总体愿景分解成季度目标，这有助于你调整步伐，保持正常的节奏前进。我为生活和公司都设定了季度目标。

你可以用一种简单的方法把你的愿景分解成季度目标：一年后，你每月的收入目标是多少？减去你目前的收入，把增加的部分分成4等份，也就是说，你希望收入在3个月后达到多少？6个月后达到多少？

思考一下你给自己设定的未来一年的目标。如果 3 个月后你已经实现了目标的 1/4，会发生什么变化？6 个月后会发生什么变化？不必担心如何实现这些目标，现在只需要关注目标是什么以及何时实现即可。

如果可以的话，我强烈地建议你登录百万富翁成长计划的国际版网站 www.millionairemasterplan.com 上的个人页面上，取得一份免费的航线计划和每周情况追踪。填写这份表格，然后每周跟进检查一次。我建议你在周日晚餐之后休息 1 小时，坐下来好好检查一下计划实施进度，然后按照整体规划安排下一周的任务。过去 25 年来我一直是这么做的，现在跟进计划对于我来说已经像吃饭睡觉一样自然了。我称这个过程为“评分季”，它在以下三方面发挥作用：

- 乐谱（就像一份乐谱，我可以在纸张上一目了然地看到我的作品）
- 测量（数字评分量化了我的进步）
- 刻纹（就像每周都在木头上刻下痕迹，这会让我印象深刻）

现在就开始你的评分季吧，并且把这部分也记入你的日记，然后坚持每周进行。祝你享受这个过程！

第 2 章

你处于财富金字塔的第几层？

你离百万富翁还有多远？

每天，这个星球上都有 4 万亿美元在流通，而世界上的 70 亿人中，有一部分人是这 4 万亿美元的基础，他们辛苦工作、拼命奔波；有一部分人将这 4 万亿美元当成舞台，他们长袖善舞，用钱生钱；有一部分人是这 4 万亿美元的主人，他们改变世界，拯救他人。你是哪一类人？你想成为哪一类人？你能成为哪一类人？

财富金字塔 9 个层级

紫外层：传 奇

紫色层：作曲家

靛蓝层：受托者

蓝色层：指挥家

绿色层：合奏者

黄色层：独奏者

橘色层：劳动者

红色层：幸存者

红外层：牺牲品

财富金字塔的结构和 4 种天赋的起源一样，都可以追溯到 5 000 年前的古代中国和印度，而后经历古埃及、古希腊和古罗马，穿越文艺复兴时代、启蒙时代，最终到达现代。财富金字塔的 4 个面对应着我们讲述过的 4 种财富优势类型；9 种颜色分别代表了财富的 9 个层级，共同组成财富光谱；灯塔被平均分成了 3 段，代表着财富成长计划的 3 个阶段。财富光谱的 9 种颜色根据彩虹的可见色彩进行排列，底部是红外层，然后是红橙黄绿蓝靛紫，最后到达顶部的紫外层。

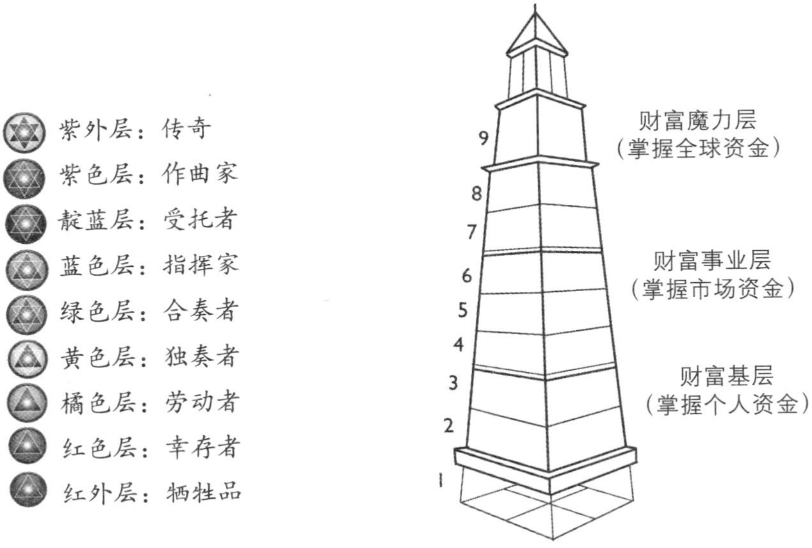

图 2.1　财富金字塔的 9 个层级

完成百万富翁成长计划测试后，你会收到第二部分的分析报告，然后你就知道自己正处于财富金字塔的第几个层级。在了解自己所在的层级之后，你可能想要直接翻到跟自己有关的部分开始往后阅读。这没有问题，如果你真的这么着急，也可以直接从那个章节开始读。你会从那里找到适合你以及其他 3 种天才的行动步骤。

但我建议你在读完那部分之后，回过头看一看先前跳过的部分，学一学其他层级的修炼方法。因为这有助于你组建自己的团队，帮助家人、朋友、伴侣和客户成长，因为大家所处的财富层级各不相同。阅读时，对比你自己的层级和其他 9 个层级，你或许会了解到，适用于其他层级的成功方法，往往对于你却毫无帮助。

也许你会想直接跳到自己的理想层级。我自己就会这样想，我对自己说："好吧，我到了这一层。一切都很棒。但我想要直接到达能赚到 100 万的层级。"请不要这样做。

财富金字塔各个层级的提升需要遵循一套规则，这有点像是铺设管道。如果你想赚 100 万美元，最好先确定你之前铺设的管道没有裂缝。如果你飞快地铺完了你的管道，那它们最终也一定会"飞快"地崩塌。

我有过这样的失败经历。曾经，在我处于红外层时，我的汽车都被拖走。当时我不愿意接受现实，想直接跳过红外层到达其他层级。我当时的目标是靠着那些有裂缝的管道爬到事业层。虽然我的管道看上去很不错，却脆弱得不堪一击，让我我哪儿也去不了。

我们每个人的脑海里都有一个声音，那就是我们的人生指引系统。我们就像是坐在驾驶舱里的飞行员，可以听到控制塔传来的声音。**财富金字塔就像是我们的控制塔，它会根据我们目前所在的层级和天赋，为我们提出各不相同的、有针对性的建议。**磨炼的时间越久，来自灯塔的声音也会越清晰：随着层级的升高，我们的视野会更加清晰；如果层级下降，视野也会随之变得模糊。

这就是为什么，最优秀的领导者也有可能被困在某个层级多年而无法突破，除非出现大的逆转，否则就会停滞不前，无法继续向上攀登。这些你都明白了吧？非常好，现在让我们走进财富金字塔，了解财富光谱的 9 个层级、财富成长的 3 个阶段以及横亘在我们前方的困难与挑战。在阅读这些内容时，我们心中要明白自己正处于哪个层级，而又希望抵达哪里。

财富基层（红外、红、橘）：为什么越努力债务越重？

财富金字塔的基础是掌握我们的财富，也就是培养出一种不论市场环境如何，都能创造充足的价值流和金钱流的能力。财富基层的 3 个层级将引导我们从负债到幸存再到现金流为正。

世界上大部分人都在这 3 层中的某一层，这些人每天辛勤工作，却不知道如何才能登上更高的层级；他们尝试创办公司、进行金融投资，但最终往往陷入比原来还糟糕的境地。了解如何在财富基层打下坚实基础，能够帮助我们避免不断退回原点。以下 3 个层级构成了财富基层。

红外层（牺牲品）："我的债务每个月都在加重"

汽车被拖走的时候，我正处于红外层。跟当时的我一样，红外层天才的债务每个月都在加重。红外层会给人一种可怕的压力、焦虑和混乱的感觉。这里聚集着大量迷茫的天才，尽管他们正努力想发挥天赋。那种状况就像戴上了红外眼镜，你的眼前将是无尽的红外热波。如果你丢了工作，积攒了太多债务，或投资失败，往往就会陷入红外层。有些人出售了他们的公司，获得了数百万美元资产，但依然处于红外层，因为他们每月的收入为负。

好消息是，如果迅速采取相应的行动，任何人都可以在 3 个月内离开红外层。

红外层的策略是把一套“漏水的管道系统”（漏的不仅是金钱，还有时间和精力），转变成一套价值百万美元的管道系统，把你付出的所有努力都转化为成功和满足。上升到红色层以后，你就可以用金钱换回时间，让自己的生活回到正轨，并且摆脱阴魂不散的压力和不确定性。

正如你将看到的，这套行动中的很大部分都违反直觉，但是这些帮助你离开红外层的方法，将避免你再次踏入红外层。所以不要跳过这一层的内容。

红色层（幸存者）：“我的钱刚好够我生存”

处于红色层的你，虽然在赚钱，但依然一无所有：你的工资只够负担日常开支。

可能就像我经营出版事业一样，你把赚到的所有钱都投入公司的发展，而非个人财富增长中。可能你刚购置了一处房产或买进了一些股票，但发现投资没有带来收益，所以你依然像处于红外层的人一样，挣扎于生存线。

不论你比以前多赚多少，多赚的钱最后总是不知所踪。你感觉自己就像在海上漂流，除脑袋以外，身体全都被海水淹没。

离开红色层，继续向上攀登的方法正是积累个人财富的核心。为了实现这一提升，你需要把财富创造的重心放在自己身上。

这意味着提升自我价值和减少自我否定，意味着要放弃刚刚提到的从红外层向上攀登的方法（挖掘自己渡过困境的精神），转而运用从红色层向上攀登的方法（挖掘自己最深层的热情），从而使现金流变为正，并且形成一种能让自己持续获得满足感的生活节奏。

橘色层（劳动者）："我为了生活非常努力地工作"

位于橘色层的天才工作的目的在于生活。处于橘色层的你要么在为人打工，要么在自己当老板。每个月，你都会有一些盈余，但你依然在追寻金钱或事业。橘色层是财富基层中的最后一个层级，处于这一层的你会非常勤奋地工作，但也很想知道如何才能让收入提高。

如果你想上升到财富事业层，仅仅运用橘色层的成功方法（投入热情，努力做好工作）还不够。到了下一个层级——黄色层，你就会发现，黄色层的成功方法和橘色层刚好相反。到了黄色层，你不需要跑遍整个足球场去追赶足球，而是需要一个团队，需要一个位置，需要接住他人传给你的球。你不需要到处找人，人们会找到你。那意味着，你的重心将从行动转变为吸引。此时，你已经创造出自己的独特卖点，掌控了你的市场。你会学着确定自己的身价，并进行测试和评估，进而建立个人品牌。

财富事业层（黄、绿、蓝）：从追赶财富到吸引财富

等我们掌握了财富基层的所有成功方法，我们就可以开始向财富事业层进发了。在财富事业层，我们需要掌握流经我们市场的财富流，需要锻炼自己有效管理资产和企业的能力，使价值和金钱在团队和市场中顺畅流动。我们将从安心地被雇用或独自经营，转变为管理多个团队和多股财富流。每天，这个星球上都有 4 万亿美元在流通。那么，怎样做才能更深入这股财富流，把更多"流"引向你关心的事情，并且产生你预计的影响?

我们可以把财富事业层的 3 个层级想象成音乐演奏中的 3 个角色：独奏者（一人完成所有事）、合奏者（所有人做一件事情）和指挥家（不需要演奏任何乐器就可以创作音乐）。

黄色层（独奏者）：“我爱我的工作，我创造属于自己的‘流’”

如果你处于黄色层，那么可以说，你的旅途已经相当平坦顺利了。你已经建立了个人声誉，而且即将开启自己的生意。你可能受雇于人，可能是一位承包商，也可能是个体经营者。你知道如何吸引顾客，打理生意，知道如何创造新产品或新服务，也知道如何定价，如何推广。处于黄色层的挑战就是，一切事情都会围绕你转，需要你推进。尽管拥有一定程度的自由，但你的收入依然取决于亲力亲为的付出。一旦你停下手来，收入就会随之断流，就像如果吉他手停止演奏，音乐就会戛然而止。

脱离黄色层的方法和上升到这里的方法相反：你靠着独立经营、自主努力才来到这一层，但需要与团队成员共同合作才能继续攀升，即你在团队中的身份和变化变得比你个人的身份和变化更加重要。你不仅需要为工作和生活创造系统，还要培养领导力，吸纳天赋与你互补的天才加入团队。最重要的是，你需要放弃这种观念：一定要你亲自出马，事情才能搞定。

绿色层（合奏者）：“我通过团队和节奏创造‘流’”

位于绿色层的天才能创办企业，成为领袖。带领团队创造效益与个体经营完全不同，其收益将实现指数级增长。当你攀登到绿色层，你的关注点需要从你自己转移到别人身上。问题不再是你要如何赚钱，而是你要如何帮助他人赚钱。在这里，你会知道如何通过与合适的团队或合伙人合作创造个人财富。这时候，你是一位和自己天赋建立了连接的领导者。比如，我正是在帕特里克的鼓励下，才进入周围的财富流，才建立起自己的团队，重新找回自己的时间，进而取得重大飞跃。

在黄色层，你的成功方法是树立团队文化，让成员明白你的愿景。

在你从绿色层上升到蓝色层的过程中，你会逐步发展出管理多个团队的能力。你的权威和专长将吸引合适的领导者加入你的团队和收益流。你可以有效地同时管理多家公司及多项资产。许多人希望一步登天，希望尽早收获多项收益，但却不具备管理多股财富流的能力。

蓝色层（指挥家）："我管理着几个团队和几股财富流"

蓝色层能把你从忙碌的工作中解放出来，这时候你会同时管理着多项投资，掌握着充足的现金和资本。就像管弦乐队的指挥，你不需要演奏任何乐器就可以创作音乐。而且，你面对的不再是观众，而是合奏者。

我和你一样，都是财富金字塔的攀登者。现在的我正处于蓝色层，对我来说，读懂资产负债表比盈利能力和业绩更加重要，当然，我也可以选择一直留在蓝色层，当一位"隐形"百万富翁。但我正在努力上升到靛蓝层，到了靛蓝层，我就能通过授予他人权利而产生更大影响力。靛蓝层的天才想拥有影响千百万人的能力，必须先通过市场的信任检验。当今世界上许多著名的财富创造者，都通过了这一关。他们在市场中的信誉和成就如此之高，所以人们愿意花数百万美元投资他们的企业或与他们进行合作。

财富魔力层（靛蓝、紫、紫外）：游戏规则我说了算

财富魔力层创造了市场规则。到达这个阶段后，我们开始掌握社会中的财富流。许多创富类书籍常常谈到"运作系统"，而非"改变系统"。但如今的许多著名财富创造者，包括沃伦·巴菲特、比尔·盖茨、理查德·布兰森和奥普拉·温弗瑞，都是通过继续往财富金字塔的更高层攀登，赢得了用自己的方式改变系统和全球事务的权利。

抵达财富魔力层的人少之又少，这是财富光谱中最不被人了解，但最重要的阶段。

到了这个阶段，我们可以发行货币，创立法律，制订这个世界的游戏规则。但如果政府接管财富魔力层的话，就另当别论了，这时候我们就会对它失去控制。

最近，我们开始意识到，每个人都拥有影响世界的力量，只是需要找到能够发挥影响力的阶段和领域。你的朋友或同事会说他们的目标是改变世界吗？

事实上，他们确实可以做到，但他们需要先赢得信誉，并遵循财富光谱的步骤一步步向上攀登。尽管目前我还没有到达财富魔力层，但已经把这列入奋斗计划。我和你在同一条财富金字塔攀登道上行进，我希望在未来的几年里，我们可以一起分享一路上的风雨。我会在本书的第 6 章～第 8 章概述财富魔力层的各个层级，以及如何在短暂的一生中产生最大的影响力。

靛蓝层（受托者）：“我获得了市场的信任”

靛蓝层是千万富翁和亿万富翁的游乐场。当你征服财富事业层后，信誉会成为你最大的财富，而且你可以用神奇的方式把信誉兑换成真金白银。

紫色层（作曲家）：“我负责制订游戏规则”

位于紫色层的天才能够发行货币，确定税率，创作我们舞蹈的背景音乐——整个经济世界。直到最近，这些活动一直处于国家的掌控之下，但现在，更多的企业家、领导者和社群开始扮演作曲家的角色，重新改写规则。

紫外层（传奇）："我是这个时代的标杆"

紫外层是财富金字塔的最后一层。在彩虹里，紫外层位于可见光谱之外。位于紫外层的天才是我们的人生标杆，就像地图上的地标性建筑。他们的名字会成为其成就的代名词，成为后世继承的遗产。

想加速创富？猛踩油门不如换换挡位

你是否遇到过这样的人：他们陷入职场困境，梦想自己做老板但始终没有采取行动？他们虽然采取了行动，但发现作为优秀雇员时的特质，使他们变成了糟糕的企业家？他们好不容易开了一家小公司，本想借此获得自由，最终却忙得连正常的假期都没有？

你是否有朋友在陷入以上困境后，某一天突然就挣脱了，那些多年来不断尝试击破的隐形天花板突然消失了？在心态和行动发生转变之后，他们就可以突破一切。作为过来人的他们或许会建议你放弃一些东西，接受全新的规则，然后根据规则采取相应的行动。

在创业和经营的道路上，每个人都会遇到这样的时刻：不论多么努力地尝试，就是无法凭借之前奏效的策略实现新的突破。试想汽车的挡位：当汽车处在较低的挡位时，就算我们一直踩油门，它也不可能加速到下一个挡位。从一个层级上升到另一个层级，意味着放弃原来的成功方法，学习全新的策略。换句话说，想让汽车跑得快，你需要先松开油门，然后换挡；你需要先松开离合器，让汽车靠惯性滑行（即使只有几秒钟），然后换一个挡位，一个还未使用的挡位。

当你环顾身边处于财富金字塔不同层级的人，读着各个层级的简单介绍以及我们停滞不前的原因时，你很可能会频频点头："我一直以来都是这么告诉他们的，但他们就是听不进去。"为什么我们能够清楚知道别人继续前进的方法，但我们自己做出改变时却那么难？原因就是，我们很享受目前阶段给予我们的自由，并在潜意识中不想放弃这一切。

在财富基层，作为一位身处红外层的牺牲品，我知道只有经受更多磨练、变得更加勤奋才能攀升到红色层，但我不想放弃随心规划个人时间和金钱的自由。然而，当我放弃了时间和金钱的选择自由，制订出更加自律的计划时，我成功上升到了红色层。作为身处红色层的幸存者，我赚到的钱足以支撑生活，并获得了行动自由。我的压力减小了，能更充分地发挥我的人际交往天赋。但想上升到橘色层的话，我需要在服务和配合他人计划方面负起更多责任，这意味着我将会失去已有的行动自由。

事实上，上升到橘色层成为劳动者后，我获得了更高层级的自由，拥有了更多机会。但继续上升到黄色层，需要我把精力集在具体的细小的点上，要求我放弃先前努力争取来的自由，拒绝眼前的许多机会。

进入财富事业层后，舍弃会变得更加艰难。作为一位黄色层的独奏者，我获得了自由。我可以做自己想做的事情，去自己想去的地方，也就是蒂姆·菲利斯在《每周工作 4 小时》（*The 4-Hour Workweek*）中讲述的那种自由。从黄色层上升到绿色层意味着我需要组建团队，制订计划，培养团队成员的责任心。到了这一步，我需要舍弃身为黄色层参与者时所享受的行动自由。

作为一位绿色层的合奏者，我致力于创造行动节奏和榜样，努力吸引适合的成员加入团队。这样，企业的持续发展将不会单纯依赖于任何一个人，我也就获得了吉姆·柯林斯在《从优秀到卓越》（*From Good to Great*）中谈到的那种自由。更高层级的机会即将到来。但从绿色层上升到蓝色层意味着我要放弃组建团队以及决定公司发展方式的自由。我需要把这些责任转交给为我经营公司的人。

在成为蓝色层指挥家以及把公司的经营权转交给他人之后，我将不再左右公司的发展，而是将权力授予他人，让他们为我做决定。但我可以同时拥有多项收入，也获得了更高层级的行动自由。到了这个

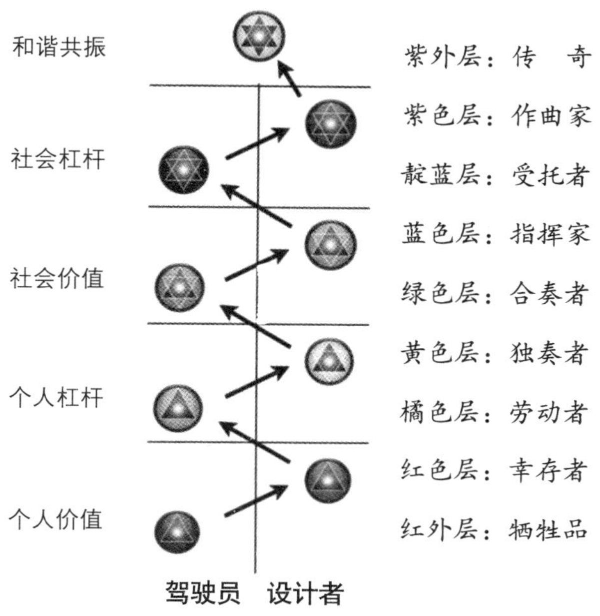

图 2.2　攀登财富金字塔路线图

层级，你会感受到一种更高的使命感，它鼓励你成为所在行业或所经营事业的受托者。到了这一步，你需要问问自己是否愿意放弃作为行业标杆或领导者时拥有的行动自由。

发现其中的模式了吗？在攀登财富金字塔的过程中，我们一直在走“之”字形路线，以某一层的选择自由换取更高一层的行动自由。我们从发挥个人价值和个人影响力，逐渐发展到拥有社会价值和社会影响力。财富金字塔的 9 个层级，让我们从驾驶员变成了汽车设计者（见图 2.2）。

放弃那个层级行动自由或选择自由，就相当于牺牲了支撑我们攀登到那个层级的理由。当我们处于红色层时，讲述财务自由的书会诱惑我们；当我们到达黄色层时，讲述自由的书会诱惑我们去环游世界；当我们上升到绿色层时，我们会热衷于建立不朽功业，成为业界传奇。

但请记住这一点：为了继续前进，我们可能必须放弃选择自由或行动自由，但永远不会放弃自由本身。自由能帮助我们获得攀升到更高层级的权利，而且充分发挥天赋的感觉真棒，这种释放生命的感觉真棒！你也要记住，你并非独自一人。尽管不同财富优势类型的人攀登财富金字塔的路径不同，但不论我们拥有哪种天赋，处于哪个层级，我们所有人必须面对 4 种同样的事实。

我们都身处财富光谱之中：从负债累累到成为百万富翁，到掌控一国税收，再到成为全球慈善家，财富光谱涵盖了所有类型的个人经济状况。所有人必然处于 9 个层级中的某一层。

所有层级之间都相互联系：我们的财富层级在一生中会不断变化。财富层级会自然向上攀升，就像汽车挡位一样。理解财富金字塔的9个层级及你所在的位置，能确保你找到成熟的发展道路，而非误打误撞、偶然的前进方向。

你所在的层级决定了你的现实：财富金字塔的每一层都有相应的“流”和意识。当层级上升时，我们的“流”和意识都会变化。在生活中，你会遇到怎样的挑战和机遇，取决于你拥有的天赋以及它在相应层级的流动状况。当财富层级改变时，你看到的和吸引的东西将随之改变，但你依然是你。

是你选择了自己的层级：你的财富是你自己选择的。当你知道自己所在的层级后，你可以选择留在那个层级，也可以选择回到下一个层级或向上攀升。每一种选择都需要付出代价，但也会获得回报。明白自己的财富层级后，你就能把注意力集中在接下来要采取的步骤上。不论何时，你都只可能处于其中某一个层级，但了解全部层级，有助于从整体上把握目标。

那么，让我们开始吧。你已经掌握了财富金字塔的结构，也拥有了指南针；已经收到了百万富翁成长计划的分析报告，也知道了自己是谁（你的天赋）以及自己在财富金字塔的哪个位置（你的层级）；你也已经撰写好了愿景，制订了航线计划。现在就让我们开始财富金字塔的升级之旅吧。

本章概要

1. 不论你是身陷债务泥沼，还是即将成为百万富翁或改变世界，我们都身处在财富金字塔的某个位置。
2. 财富金字塔由 9 个层级组成，分为 3 个财富阶段。我们常会在某个层级停滞不前，这是因为我们还在使用以往的成功方法，或是我们在还未准备好的情况下就尝试运用更高层级的成功方法。

   位于财富基层时，我们掌握的是生活中的“流”。

   第一层（红外层牺牲品）：你的债务每个月都在加重。

   第二层（红色层幸存者）：你赚的钱刚好够你生存。

   第三层（橘色层劳动者）：你为了生活非常努力地工作。

   位于财富事业层时，我们掌握的是市场中的“流”。

   第四层（黄色层独奏者）：你的收入有限，因为你和你的公司只能依赖于你，而不能借助他人之力。

   第五层（绿色层合奏者）：你是整个组织存在的基石，是其中坚力量。你的回报将呈指数级增长，且能使团队和公司表现得更好。

   第六层（蓝色层指挥家）：你同时进行多项投资，掌握着足够的现金和资产。你的决策涉及的资金都以百万计数。

   位于财富魔力层时，我们掌握的是社会中的“流”。

   第七层（靛蓝层受托者）：这一层是亿万富翁的游乐场，信誉成为你最宝贵的资产，你可以用神奇的方式把信誉兑换成真金白银。

   第八层（紫色层作曲家）：这一层的天才会发行货币，确定税率，并且创作我们跳舞的背景音乐——整个经济世界。

第九层（紫外层传奇）：位于这一层的天才是人们眼中的标杆，他们就像地图上的地标建筑。

3. 观看网络视频：如果可以的话，希望你能登录百万富翁成长计划的国际版网站 www.millionairemasterplan.com，观看讲述财富光谱各个层级的视频。你可以选择观看最感兴趣的内容，但了解财富金字塔的各个层级，有助于你更顺利地完成接下来的挑战。
4. 填写本章末尾的上位前检查清单。

行动要点

定期测试，定期回顾

从这一章开始，我会在每个章节末尾列出一份上位前检查清单。你最好在开始阅读下一章前，检查、核对本章的检查清单。我把它们叫做上位前检查清单，是因为它们就像是飞行员在上位前需要核对的清单，即使是飞行经验最丰富的飞行员也会在每次上位前进行这项检查。

这些清单有助于你回顾在每个层级的经历，养成定期回顾的习惯。每周，我都会花 10 分钟把所有清单（从最开始的一份清单到最新一份）都回顾一遍。这已经成为我每周冥想的一部分，在每周冥想中，我还会安排接下来一周的活动。

如果跳过清单检查这个步骤，你就会得到和我一样的教训：财富流失。

实际上，大部分财富流失都是因为粗心大意，比如偏离航线或根本忘记规划航线，并且不进行上位前检查。虽然我们不知道飞行时会遇到怎样的外部挑战和内部挑战，但你有及时调整并继续前进的机会。

上位前检查清单，是打开这些指导手册的钥匙。从第三章开始，我会在每章末尾都介绍一个行动步骤。按此进行，你就可以在清单中的至少一栏上打“√”。

以下就是你的第一份上位前检查清单。如果你完成了第一章末尾的行动要点，创造了愿景和航线，你就已经可以在下面的检查清单里打上两个“√”。

1. 我已经拥有一份手写的、鼓舞人心的愿景，这份愿景清晰地阐述了我的目标所在，我会把它放在最重要的位置。

□是 □否

2. 我已经拥有一条航线，这条航线每月会为我设置一些个人和财务方面的“里程碑”，帮助我实现愿景。

□是 □否

3. 我定期回顾愿景和航线，确保不断进行自我调整并继续前进。

□是 □否

第3章

如何上位到红色层？

及时止损

五行缺钱？你和世界，只差一桶金？很不幸，你可能落入财富金字塔的红外层了。一旦落入红外层，就算你日夜工作、玩命赚钱，也很可能于事无补。因为财富积累管道出现了裂缝，所以哪怕你飞快地赚钱，你的钱也会更飞快地流走！

红外层人群画像

判断标准：每个月的个人现金流都为负

情感：挣扎；责备；否定

停留在这里的代价：压力；焦虑；茫然不知所措

需要关注：自律与责任

我是如何到达这里的？粗心大意；不了解情况；不控制现金流

我要如何攀升？测算你拥有的现金流；采取行动；承担责任

你淋浴时是否经历过这样的情况：原本感觉水温刚刚好，但一下子水变得很烫，过一会水又突然变得很凉？这时你会赶紧避开水，调整水温控制阀，但不论你怎么尝试，水温始终都不对。当身处红外层时，你会感觉自己的资金状况就像那忽冷忽热的水温一样，个人现金流每个月都为负。为了摆脱这种境况，我们需要铺设结实的管道。有了坚实的基础，我们才能真正学会每周多挣一些钱，逐渐从红外层攀升到红色层。

位于红外层的人，要么不知道下一步该怎么做，要么自以为掌握了方法，并且希望能立刻实现跨越性突破。他们会对自己说："如果我每周可以多赚 100 美元，那为什么不利用这些时间去赚 1 万美元或者更多呢？"

我经营杂志社的早期，就遇到这样的情况。汽车被拖走时，我就处于红外层。当时，公司确实赚了一些钱，但我留给自己的钱却不够支付生活开销。"我不需要担心那些，"我对自己说，"现在我还不需要太多钱。以后我会赚到更多。我不需要担心那几千美元汽车贷款，因为我即将成为百万富翁。"

简单来说，当时我拒绝承认自己遇到了财务危机，这是红外层天才无条理状态的核心表现。红外层位于可见光谱之外：你看不到热浪，但它们会从里到外地把你啃噬殆尽。但如果你戴上了红外线护目镜，你就只能看见热浪而看不清其他东西了。在这种状态下，你没有任何参照物，所以很难做出明智的决定。

我拒绝承认遇到危机的结果，不仅仅是现金流变为负（比如汽车被拖走）那么简单。

只有卖命工作，才有出头之日？

压力、恐慌和不确定性，使红外层天才的处境非常危急。当身处红外层时，我们身边的人可以觉察到这一点。我们的行动、思想和语言都会变得不同。像所有身处红外层的人一样，每次我进入这一层，都会变得疲惫不堪，会颇多抱怨，连最微小的不如意都不能容忍，而且认为自己迫切需要向他人证明自己是对的。

那就是为什么红外层的天才被称为“牺牲品”。由于我们无法在取得的成绩中找到自我价值，只能通过表达判断、意见或想法来转移注意力。通过这种方式，我们才认为自己是有价值的。或者我们会整天埋头工作，因为这是我们可以想到的、唯一可以达到收支平衡的方法。这样做的结果就是，人们不再愿意给我们那么多时间和宽容，而我们也再也无法吸引到曾经获得的机会。这就是为什么“采取任何必要的方式，使自己进入积极的状态”是红外层天才的唯一目标。那是获得控制权和可预测性，并且上升到红色层的唯一方式。

你处于红外层的理由可能和我相同：收入无法负担生活。你可能刚刚离职，可能最近有大笔支出，比如医疗费或债务，或是你只是不太了解自己的财务状况。有些身处红外层的人甚至看起来还很成功。不论你是刚刚离职，还是运作着数百万美元的投资组合，如果你的个人现金流每个月都在减少，那你就正处于红外层。**为了获得可靠的财富来源，身处红外层的人的最优先任务就是稳定现金流。**

好消息是，一旦开始改变，排除干扰，并且正确发挥自己的天赋，你就可能会在 3 个月甚至更短的时间内脱离红外层。具体方法可分为 3 个步骤，会分别调整你的金钱、时间和人际关系。

你将会在后文的故事里看到，不管哪种财富优势类型的天才，想离开红外层都必须经历这 3 个步骤：

测算现金流。现金收入和支出情况如何？个人现金流情况如何？这个步骤比建立金钱分配规则，以及时间和精力分配规则都重要得多。对于那些从财富金字塔更高层级跌落红外层的天才来说，测算现金流意味着放弃原来所处层级的一切。

采取行动。如果习惯将发生变化，那么你每天的行动准则也需要随之改变。行动的关键是恪守可靠性和一致性。你将从独自一人解决问题，转变为和已经身处市场流中的其他人建立联系。

承担责任。如果没有更沉重的责任约束，你的财务状况会继续恶化。除非你强迫自己改变，否则一切都会维持原样。对现在的你来说，还没到忽略准则，追随梦想的时候。就像航空公司安全影片中所说的那样：如果发生紧急事件，请在帮助他人之前先戴上氧气面罩。在接通氧气（现金流）之后，你会有充足的时间为他人服务，而且你可以买回自己的时间。

从理论上，你或许已经理解这 3 个步骤，甚至可能在其他地方读过或听过这些内容，但请牢记我们在本书开头探讨过的信息和指南之间的区别：我们许多人之所以停滞不前，就是因为我们仅仅浏览整幅地图，而没有选择适合自己天赋的发展方向和道路。**你的天赋是你前进道路的指南针，4 种财富优势类型都各自拥有成功走出红外层的方法。**

接下来我将要介绍 4 种财富优势类型的天才各自适用的行动步骤。不论你拥有哪种天赋，请先读一读发电机型天才的行动方法，即我本人的故事以及我是如何脱离红外层的。然后，你可以跳过其他内容，先阅读讲述你的财富优势类型的部分。在此之后，请回头把 4 种方法都读完，这样你就可以了解这些方法之间的区别。

发电机型天才：停止投资即是赚

像所有发电机型天才一样，我在红外层遇到的最大挑战是，过度乐观。发电机型天才是天生的乐观主义者。我总会说："明天会变好的……我一定可以申请到更多贷款……我还有一些存款所以不会有问题的……不用担心，问题都会过去。"

回想起来，我告诉自己不需要操心多赚 500 美元还汽车贷款（因为我认为自己很快就会成为百万富翁）。这就像告诉自己不需要学游泳，因为我很快就会获得一艘船。

发电机型天才就像一辆只有油门的汽车，没有刹车，没有离合器，没有变速杆。我们不喜欢思考细节，总在准备启动下一件大事。我尝试过千百种不同的事情，知道自己拥有创造力，而且确信自己总是可以开启某个新项目。

在新加坡经营杂志社时，我把所有资金都投了进去。当时我试着尽快摆脱麻烦，但实际上只是一直在第一个档位加速而已。即使身处红外层，我依然在一些不必要的地方花费大笔资金，期盼着未来可以因此获得更多收益。我一直在根本输不起的赌局上下注，结果当然是一输再输。

事实证明，一直以来我都选错了路。那么，接下来我是如何调整的呢？实际上，一开始我并没有多做些什么，只是终止了一些本应终止却一直在做的事情，而那些事情正是我想脱离红外层时需要规避的事。如果你和我一样是发电机型天才，遵循以下的行动步骤可以离开红外层。

第一步：测算现金流

◆ 不要把金钱和资源投入到不切实际的庞大计划中。你应该先付清账单，然后把资源用于实现具体的计划，并且确保拥有正向现金流。暂时不要把资源投入非常庞大的计划。

◆ 把你的未来愿景和个人现金流的增长联系起来，对自己拥有的资金进行测算。寻求他人的支持，并且在冲刺之前设置阶段性目标，一步步稳扎稳打。

当我把各个阶段性计划整合到一起时才看清楚，对我来说，最重要的是我的家庭。我的家庭比我正在努力经营的生意要重要得多。而一直以来，我都在给家人制造麻烦。我把写下的这愿景和计划和妻子分享，她感动得泪眼婆娑。我俩都认为“该适可而止了”。我们共同制订了一个航线计划，设置了非常具体的季度目标，确保我们家能拥有正向的现金流。我完全转变了原先孤注一掷的态度。

当时，我遇到的问题是，发电机型天才缺乏耐心。我们不喜欢处理细节和追踪日常开支。我该怎么做？我找到节奏型天才帮我处理数据。幸运的是，我的妻子雷娜特刚好拥有这个的天赋。她在成为全职太太之前在医院工作。有史以来第一次，我请她帮我管理财务。

好消息是，不论你拥有哪种天赋，只要愿意制订计划并坦白地告诉别人，你身边总会有一些人愿意支持你（这也是组建团队的基础）。

你说你没钱雇用别人？你可以像我一样运用家里的资源。你有没有没有节奏型的妻子、家庭成员或好朋友？那么你可以在网络上交换“天赋时间”，你可以为一份由节奏型天才或钢铁型天才撰写的商业计划提供富有创意的评论，然后作为回报，让他们帮你整理你的藏书资料。（钢铁型天才和节奏型天才可以从发电机型天才那里获得富有创意的意见，或是向火焰型天才请教如何与人相处。）全世界共享的办公空间里，思想的自由交流正在推动企业家精神（创业精神、进取精神）不断发展，你可以向其中某一处或几处“租”个办公位。如果说没人可以帮你或你没有时间交换，只是你在找借口罢了。（你将在后文中找到许多红外层天才经常使用的何种借口。）

在我自己的案例中，雷娜特和我把个人财务问题转变成了团队的商业问题。我们浏览了前 3 个月的数据，决定重新计划我们的开支，并估算可能的收益。我们还找到一位钢铁型天才帮我们管理账目。然后我们通过讨论得出结论，雷娜特知道如何运用自己的天赋赚钱，同时我也想到了提高公司销售额的方法。

上述做法和我原来做的事情完全相反。我不再独自一人苦苦奋斗，也不再疯狂追逐企业发展。我放下了对运作新项目的狂热兴趣，和雷娜特一起努力规划。我们的目标是获得足够支付我们生活开支的现金，并且攀登到红色层。这便是我们行动的第二步。

第二步：采取行动

- 不要试图通过匆忙开启事业或用目前为止最棒的主意来赚取更多收入。那不是在挖掘一股新的“流”，而是在挖一个坑。
- 集中精力为那些创意比你更棒，更成熟的人服务。也就是为那些处于财富金字塔更高层级的人服务，因为他们已经身处“流”中，他们的“流”会在与你合作的时候流向你。

如今有不计其数的书籍、演讲家和电视节目鼓吹创业的益处，但他们假定的前提是，你有能力支撑生活直到事业步入正轨。“我马上就要拥有自己的公司了，但我还不知道到底如何管理个人财务”就像“我马上就要开飞机了，但我还没上过飞行训练课”。这样一来，你成功上位的概率微乎其微。

发电机型天才总是犯这样的毛病，他们总是认为自己能以更快的速度迈向成功。结果就是，不论成功了几次，他们总有办法以更快的速度把赚来的钱全部花掉。那么，我在进行第二个步骤的时候做了些什么？我只是简单地把注意力从事业扩张转移到改善公司目前的业务状况。

一旦之前制订的阶段性财务计划让我的收入更稳定，我就进入了一个不再恐慌的节奏。我开始思考杂志的定价，并决定提高定价，这样不仅能提高收入，还能为读者提供更好的服务。我把团队成员召集起来，对他们说："我们将把收入更高、付款更快的读者作为我们的主要目标群。"然后他们就进入市场找到了这类读者。

不到一个月的时间，我就离开了红外层。压力突然间消失了。我付清了账单，然后开始用一种不同以往的方式发挥商业吸引力，因为我工作起来更加自信了。最重要的是，我用钱换回了我的时间(和人生)。

你可能会说，做到这些很简单，因为我拥有一家公司。受雇于人的你怎么办？如果你失业了怎么办？你不能只是对目标公司说："我是你们正在找的那种天才，雇用我吧！"你要怎样做才能赚到更多钱？

离开红外层的方式有 4 种，也就是 4 个"档位"。你可以根据个人资产的规模，以及公司的运营状况或你的就业状况选择不同的档位（在本章末尾，你将看到全部 4 种方式）。我最适合黄色路径，也就是"第二档"：我已经拥有一家公司，可以利用这家公司为我创造现金流。

但我也体验过"第一档"：财富基层的路径。这条路径是为普通雇员或正在找工作的人准备的。我很熟悉这条路径，因为 3 年前我也曾跌入红外层，当时我还没有自己当老板。

在创办杂志社的 3 年前，我在伦敦生活。当时我刚关闭了创办的第一家公司，正在寻觅第二个创业机会。当时我身处红外层，公司的大笔税金正死死压在我的肩头。当然，作为发电机型天才，我乐观地认为一切都会好转。我咨询了我的顾问，他为我提供了各种各样的建议，但我一条也没听进去。相反地，我们的会面激发了我想要成为咨询顾问的热情。我认为我可以和其他人分享经营企业的经验和教训，于是用当时的全部存款（大约 1 000 美元）在一份本地报纸上登了一条为本地企业提供咨询服务的广告。

那条广告只会在当天的报纸上刊载，我一直坐在电话旁边等待。最终，我只接到一名水管工的电话。他告诉我他很喜欢我的建议，但当时他的境况比我还糟糕，根本付不起咨询费。

我记得，当时我坐在电话旁思考，一度认为我或许不适合当企业家。我很绝望，失去了身为发电机型天才的希望。当时，雷娜特在医院工作，家里的账单由她一人支付。我一直向她保证我很快就会赚到钱。然后，警钟响起：雷娜特怀孕了！我们有了一个孩子！那是我生命中最快乐、也最担忧的时刻之一。我知道是时候放弃“扮演企业家”游戏了，是时候采取行动了。

我必须依靠发电机型天赋找到工作，不然就只能用时间交换金钱。我知道我拥有创造力，可以构思出好产品。于是，我做了一张表格，列出所有我认识的、已经身处财富流中的人，以及他们正在经营的事业。然后我问自己：他们还认识哪些身处财富流中的人？我可以为谁贡献我的创造力，并且得到应得的那份报酬？

当时互联网刚刚兴起，我被这个行业深深吸引。我问身边的朋友，他们是否有把握将我推荐给互联网行业的熟人。之后，我来到一家由戴尔公司两位高管创办的新公司。他们放弃了股票期权，联合苹果公司和微软公司在英国萨里郡的里士满投资创办了一家新企业。

我对他们说：“我想为你们工作。”他们告诉我：“我们现在不招人。”

我继续说：“没关系。请给我一周时间，让我和你们一起工作，做点我可以做的事情。一周结束之后，我会向你们报告我可以对你们的业务带来什么帮助。我或许可以帮公司提高产品销量，或许会发现被你们忽略的某个发展策略。如果你们不喜欢我的报告，没关系，就当我免费为你们工作一周。”

这就是发电机型天才擅长的事：我们能发现很多赚钱的方法。这家公司表示对我的提议很感兴趣，并最终接受了它。接下来的一周，在配合团队工作时，我找到了提高销量的方法，即通过增加现有产品的种类来赢得新顾客。他们喜欢我的点子，并告诉我他们会根据销售额的百分比支付报酬给我。

这就是我所指的采取行动的意思：我决定不再死守自己的计划，转而开始为其他人工作。我知道这样做有些背离成为百万富翁的愿景，但我的努力起码可以赚到生活费。不到一个月，这家公司决定正式聘用我负责产品销售工作，我也由此脱离了红外层。第二年，我进入公司的高层管理团队，开始学习互联网业务。但是，如果没有采取必要的第三个步骤，我也不可能取得目前的成绩。

第三步：承担责任

- 现在还不能尝试说服其他人支持你的宏大计划。
- 为一些更重要的事情承担责任，而不是为了你自己的成功。

很多身处红外层的人会认为自己已经在承担责任了。当我身处红外层时，也这样认为。但是，放弃物质上的东西和放弃实现更高目标之间存在很大差异。承担责任就像是应征入伍。我们需要做一些比自己更重要的事情，因为如果我们做的事还没有自己重要的话，我们就会回到原来的做事轨道。

在伦敦和新加坡，当我陷入红外层时，是一些戏剧性的事件促成了我的转变。两次转变的契机都是我需要承担家庭责任。在新加坡时，我的汽车被拖走以及家庭蒙受的耻辱，促使我写出了第一份愿景。在伦敦时，雷娜特怀孕促使我重新思考未来。从进入那家互联网公司的第一天起我就明白，我愿意付出时间和精力是因为我相信那两位创始人。

但是，我也清楚地记得，我的孩子很快就要出世了，我想用正确的方式承担家庭的责任。

试想某个你爱的人突然需要钱做手术，而你的钱不够，这时候你会怎么做。你会强迫自己转变思维方式,努力筹到这笔钱吗？这就是“承担责任”的本质，把对其他人的责任放在比自己目前的活动和关注点更重要的位置。我见过一些人，他们（不仅仅是处于红外层的人）的收入水平多年不变，已经放弃了提高收入的希望。然后，当他们的家人遇到突发状况需要一大笔钱时，他们很快就找到了提高收入的方法。

你的情况可能不同，你可能知道能从目前的工作或业务中赚更多钱，或是开发第二个收入来源的方法。但这些事情请以后再考虑。现在首先需要做的是，运用自己的天赋离开红外层。

现在的问题是持续性的。任何财富优势类型的天才走出红外层泥沼的根本出路就是，找到比自己更重要的责任。但如果你想在离开红外层之后不再回到这个地方，你就需要一直遵守这 3 个步骤，避免犯相同的错误。离开伦敦之后，由于我违反了这些步骤，又落入了红外层。而经过新加坡拖车事件之后，我再也没有进入红外层过，因为我有了清晰的愿景，并且始终遵守这三个步骤。

我再也没有进入红外层并不是指我的公司再也没有亏损或倒闭过。这些确实发生过。即使现在,我依然经历着事业的起伏。但不论市场“流”和我所经营的事业“流”如何波动，我自己的管道系统一直都能正常运行。如今，承担责任对我而言意味着，每周日晚上为接下来的一周做准备：阅读回顾愿景，仔细核对上位前检查清单，并想象未来完美的一周。

火焰型天才：不要为他人而活

如果我是一名火焰型天才，离开红外层的 3 个步骤会有些什么不同呢？首先，我不会读那些教我如何通过提高自己的资金核算能力来管理个人财务的书籍。火焰型天才喜欢和人来往，最不感兴趣的就是追踪数字。

火焰型天才和发电机型天才需要做事过程中富有趣味。不过，和发电机型天才相比，火焰型天才的注意力更容易转移到其他人，而非自己的新点子上。火焰型天才是各种派对的灵魂人物。所以，尽管火焰型天才需要运用他们擅长的人际关系获得成功，但如果人际交往引导他们追逐与目前事业不相关的目标，他们也很容易走向失败。

如果你是一名身处红外层的火焰型天才，我敢肯定你遇到的机会一定多到令你难以抉择，而且一定有很多事情在分散你的注意力，使你无法全身心投入你真正想从事的事业中。你可能一直忙于经营各种人际关系，但当你晚上回到家，看着负现金流报表，依然会陷入深深的孤独感之中。

两年前我在给鲁斯蒂卡·兰布进行辅导时表达过这些观点。鲁斯蒂卡是一位火焰型天才，她从新西兰搬到了巴厘岛，她的孩子和我的孩子在同一家学校上学。鲁斯蒂卡辞掉工作,想在巴厘岛生活一个学期。她知道在没有收入的情况下，自己和孩子不可能长期生活在这里。当时她身陷红外层泥沼中，正努力寻找脱身的方法。

我首先辅助她撰写了一份愿景计划。鲁斯蒂卡想从事日益蓬勃发展的网络教育行业。她在愿景里表示，自己将成为网络教育行业的领军人物。她希望未来的生活方式是，在任何地方都可以开展工作。她希望收入可以负担自己和孩子在巴厘岛的生活以及孩子的教育。鲁斯蒂卡不知道如何实现这一切，但她相信一定可以找到方法。

鲁斯蒂卡正在努力创办自己的网络学习公司，但她面临的最大问题是，她运用了一种适合发电机型天才的策略。她已经努力了多年，一直想创办自己的公司，但她没有意识到，作为一名火焰型天才，她的成功关键不是搞清楚自己应该做什么，而是找到合适的合作者。

我在辅导鲁斯蒂卡时，帮助她转变了努力方向。以下是鲁斯蒂卡离开红外层时遵循的行动步骤。

第一步：测算你的现金流

◆ 不要对自己的钱放任不管，不要假定它们会自己“照顾”自己，不要全凭一腔热情做事。那最容易让你陷入麻烦！

◆ 把个人现金流的稳定增长纳入愿景中，并把它当成首要任务，坚决避免因其他人和新机会而分心。组建一个团队为自己提供支持，并且让这个过程充满趣味。

火焰型天才要如何更轻松测算现金流？第一个步骤是，不要等把所有的钱都花光了才去了解钱都去哪儿了。银行有一种适合火焰型天才的预约自动支付业务，这项业务可以帮你提前确定下个月需要支付的款项，帮你把下个月需要支付的账单、现金和其他费用预留出来，这就避免了复杂的记账程序和付款计划。

听了我的建议后，鲁斯蒂卡立刻开始测算现金流，然后她就能清楚知道自己距离走出红外层到底还有多远（还差几千美元）。然后，我帮她组建了一个团队，其中包括一名会计和一个朋友。鲁斯蒂卡为自己设定的阶段性目标是，3 个月内离开红外层。她每周都要和团队开会回顾本周工作，以确保正在按计划向前迈进。显然，设定新目标之后，鲁斯蒂卡已经无法通过新创办的公司筹集额外的现金流，所以她采取了第二个步骤。

第二步：采取行动

◆ 暂时不要通过创办公司，或利用朋友向你推荐的赚钱方式来脱离红外层，请先顶住诱惑。

- 找出已经身处财富流中的朋友和熟人（或是他们的朋友和熟人），用适合自己的方式，运用自己的能量和人际关系为其中某个人工作。

很多书都在强调多重收入来源的重要性，但这其实只适用于那些已经身处财富金字塔较高层级的人。他们已经拥有一定的现金流，而且懂得如何支持和领导他们的团队。

我曾经听过火焰型天才说：“我会花一部分时间去做市场调查，一部分时间进行股票交易，还有一部分时间用来购买不动产……”请不要这样做。火焰型天才（或任何身处红外层的天才）还没有这种保持多任务并行的能力，而且现在也不是思考这些问题的时候。这样做只会使你的时间越来越琐碎。你一定要避免继续拆分时间，也别再困惑于为什么你的朋友没一个能帮你赚到钱。我让鲁斯蒂卡把她信任的朋友和熟人，以及那些可能正在寻找擅长人际交往的员工的人列在一张表格里。这对于火焰型天才来说应该一点也不难!

鲁斯蒂卡从她在新西兰的人脉圈里找出了合适的人选。她的一个熟人是一家培训招聘公司的老板，他愿意雇用鲁斯蒂卡。因为公司同意将其分配到网络学习和训练领域，鲁斯蒂卡接受了对方的橄榄枝。这意味着她可以在发展自己个性的同时获得收入。她告诉这个熟人，她希望根据销售额获取报酬。此外，鲁斯蒂卡还和老板商定，她将负责一家新的培训分公司，如果她能成功开拓市场，就可以接管这家分公司。我可以运用发电机型天赋创造新策略与新机会，而鲁斯蒂卡则会运用她的火焰型天赋，搭建人脉和物色人才。

接受这份工作以后，鲁斯蒂卡需要搬去新西兰。她设定了一个能让自己保持冷静和专注的节奏，并开始和网络学习团体取得联系。借此，鲁斯蒂卡逐渐获得了所需的现金流。

第三步：承担责任

- 不要花费时间无偿帮助别人。和那些未来有可能对你带来极大帮助的人建立关系，并坚持把友善待人作为衡量自我价值的标准。
- 集中所有精力履行责任。心怀能推动你沿正轨不断迈进的更高目标，它可能来自你的家人、朋友，或最终会从你的成功中获益的团体。

火焰型天才喜欢获得别人的喜爱，他们常常因为把帮助他人放在个人目标之上，而导致自己在红外层停滞不前。我并不是说不要帮助朋友，而是希望你能选择一种能从中获益的方式。

每周和那些承诺帮助你推进事务正常发展的团队进行一次社交联谊。你可以把这个团队和另外两个团队，甚至四五个团队聚在一起。把这些互相联系的团队召集起来，任命一位共同的领导者，然后追随这位领导者开展活动。对火焰型天才来说，别人的称赞会让你表现得更好。找一位钢铁型天才为你管理账目，相应地，你为他提供人脉支持。和这些团队共同探讨这 3 个行动步骤，共同庆祝取得的进步和成果。

当你集中运用这种策略时，不用多久就会见效，特别是对于像鲁斯蒂卡这样的火焰型天才来说。鲁斯蒂卡运用自己的天赋，找到了适合的工作。通过集中精力做好这份工作，她很快脱离了红外层。当你暂时放下自己的事业，转而为别人打工，成为他们财富流中的一部分时，不要认为这是一种倒退。事实上，未来，当你创办公司时，那些曾经雇用你的人，很有可能为你提供重要的支持。

最重要的是，鲁斯蒂卡始终都在承担自己的责任，她优先满足了家庭的需要，而非仅仅实现自己的理想。

离开红外层后不到 3 个月，鲁斯蒂卡就计划在新西兰举办一场网络学习大会，会议的成功举办需要借助她的人脉圈。首先，鲁斯蒂卡邀请了一批知名网络学习演讲人，并设法邀请了专门的网络学习协会和团体。在这个过程中，她把网络学习演讲人和网络学习专门组织联系在了一起。鲁斯蒂卡之前在培训招聘公司的高级管理经验，使她拥有了足够的信誉推进这些事情。

在搬回新西兰仅仅 8 个月后，鲁斯蒂卡和一个她主持组建的团队一起，成功举办了这场会议。在那之后，她终于创办了自己的网络学习公司，并组建团队为她管理那家招聘分公司，同时获得了一家新西兰国营企业的网络学习咨询合约。

到 2013 年末时，鲁斯蒂卡和家人搬回了巴厘岛。此时，她的拥有的自由程度和享受的人生，刚好达到她一年前梦寐以求的状态。曾经，她苦苦奋斗，尝试创办公司，却一直没有意识到，作为一名火焰型天才，她的成功关键并不在于搞清楚自己应该做些什么，而是找到合适的合作者。

节奏型天才：要埋头苦干，更需抬头看天

谈到家人，我就联想到了节奏型天才。你已经知道我的妻子雷娜特是节奏型天才。你也已经了解，在我们的汽车被拖走之后，我们是如何一步步成为工作搭档，并最终使我们的家庭走出红外层。当时，我坐在她面前，向她解释生意中遇到的挑战以及目前的境况。她表示要与我共渡难关。

然后，我和她分享了我的愿景，她也撰写了一份自己的愿景计划，因为她也拥有自己的梦想和适合她走的道路。请记住：节奏型天赋和发电机型天赋恰恰相反。雷娜特的长项正是我的短处，反之亦如此：发电机型天才总是飘在云端，而节奏型天才则脚踏实地。但是，只有雷娜特手握线轴，我才有可能像风筝一样高高地翱翔于天际。

节奏型天才在做决定或改变习惯时需要更多时间。发电机型天才的赚钱速度更快（花钱速度也更快），节奏型天才则常常需要苦苦思索赚钱之道。

节奏型天才的长处在于，他们不会像发电机型天才和钢铁型天才一样花钱如流水，而会更小心地控制资金。他们面临的挑战是如何增加现金收入。

第一步：测算你的现金流

- 不要因为朋友推荐给你了赚钱项目，就立刻着手去做。目前，也不要为了更快地赚钱而进入全新的领域，例如股票交易、房地产投资或是网络营销等。
- 把财务预算变成对愿景的预测，然后和能够指导你用最容易、最有把握的方法赚到钱的团队共事。

节奏型天才不会像发电机型天才那样创造新事物，但拥有极强的把握时机的能力，所以容易受到某些“兜售者”的诱惑。但对处于红外层的节奏型天才来说，还不是时候把钱花在这些地方。因为那样你会失去企业正常运作所需的现金流，结果就是你拥有了大笔资产但极少的现金。

节奏型天才应该确保团队中有一位发电机型天才或钢铁型天才，让对方指导自己用最简单的方式赚到所需的钱。在我们召开的第一场团队会议上，雷娜特说她想要赚钱，但不知道该怎么做。

我们思考了各种可能性：在医院找一份工作？工作时间不太适合。找一份管理工作？有些无趣。进入房地产行业？嗯，雷娜特对这方面比较感兴趣。找到感兴趣的行业后，是时候继续第二个步骤了。

第二步：采取行动

- 不要让自己陷入无尽的忙碌状态，这会使你产生虚假的成就感，但实际上你并没有赚到需要的钱。
- 找一份可以发挥自己天赋的可靠工作。为身处财富流中的某个团队提供服务，从而获得可观的报酬。在你最具创造力或最亲密的朋友的帮助下，投入所有精力做好这份工作。

在行动过程中，节奏型天才会达到最佳状态，但这不适用于身处红外层的节奏型天才。节奏型天才擅长提供可靠的服务、照料与行动。雷娜特每天都忙得团团转，她没有时间坐下来休息，没时间经营人际关系，没时间集中精神，没时间思考赚钱的方法。

节奏型天才不像发电机型天才那样喜欢冒险，只有当他们对所做的事及最佳做事方式有了充分准备才会开始行动。节奏型天才可以通过和发电机型天才合作，获得自身发展所需的指导。我知道雷娜特对房地产行业感兴趣，但也知道现在我们不应该把资金投资于房地产。于是我和她商量如何通过房地产市场的运作获得收入。

作为节奏型天才（以及一位新手妈妈），蕾娜特在新加坡有很多亲密朋友。她的这些朋友都是租房子住，而且大部分人每两年就会搬一次家。对雷娜特来说，做一名房产经纪人，为她的朋友寻找新的住处是一件顺理成章又简单的工作。我们通过计算知道，她一年只需要成交 4 笔租房业务，就能实现现金流目标。

我向杂志社的最重要客户、世界三大房产经纪行之一的德伟产业推荐了雷娜特。对蕾娜特来说，加入德伟产业能获得很棒的训练；对德伟产业来说，平添了一员干将。雷娜特不仅开始为自己的兴趣和家庭工作，还有了接受专门训练的机会和一份成为房产经纪人的事业。

结果如何？雷娜特在6个月内就达到并超越了目标，大获成功。我们由此创办了一家海外租赁公司，专门为移居新加坡的外籍人士服务。如今，在新加坡，海外租赁公司已经成为该领域的佼佼者。

第三步：承担责任

- 不要仅仅专注于自己的事情而与世界隔绝。
- 与周围人建立联系，组建可以引导你承担更大责任的团队。

节奏型天才不像火焰型天才那么喜欢社交，他们会花更多时间独处和独立完成任务。节奏型天才可以自行管理财务表格，登记账目、规划开支。和火焰型天才不同，节奏型天才不需要整支团队帮助他完成某件事情，但是他需要整支团队帮他集中精力，并且确保他能及时做出一些艰难的决定。

节奏型天才想脱离红外层也需要承担比自己更重要的责任。我们或许可以承受身处红外层的痛苦，但无法忍受看到其他人被自己连累而落入红外层。

对于雷娜特和我而言，非常重要的是，先了解目前的真实状况之后再共同努力，只有这样我们才能离开红外层。很多时候，为你提供帮助的是你的家人或好朋友，但请确保他们或你的任何求助对象身处财富流之中，而且你们之间存在联系。

很多东山再起的故事都有一个前提，即故事主角终于认清了现实。这并非巧合。我们为了脱离红外层建立的系统，形成的习惯，至今还在运用。

通过履行责任，蕾娜特播下了成功的种子，使她不仅实现了自己的梦想，还实现了我的梦想：她在新加坡的房地产经验，使我们在全球构建了房产投资组合，包括购买巴厘岛的度假屋。

钢铁型天才：有时，你需要冒点险

我在 2011 年遇到莉萨·莱恩和拉克伦·莱恩夫妇，当时他们距离财富流实在很遥远。莱恩夫妇在澳大利亚创办了一家销售太阳能热水器的公司。创业维艰，他们把所有钱都投入生意，自己却落入了红外层。就像雷娜特和我一样，身处红外层的压力也影响了他们的关系。为了保持良好的婚姻关系，莱恩夫妇开始怀疑两人是否应该继续一起工作，或者说，他们是否应该合力经营这家公司。

拉克伦是一位钢铁型天才，而莉萨是一位发电机型天才。他们的孩子刚刚出生。小心谨慎的拉克伦做事时总是想“在这里我可以做决定”，而精力充沛的莉萨则会问：“好吧，那么，我们在做什么？”但是富有创造力的、以未来为导向的莉萨不可能从拉克伦那里得到想要的答案。拉克伦对太阳能热水器行业以及公司的未来非常乐观，并坚决拒绝改变。拉克伦会对莉萨说：“坚持下去我们一定会成功。”而莉萨则会回答：“好吧……但是，我们为什么不做这个或者那个呢？”然后他会告诉莉萨“不要放马后炮”。

这就是我会见到莱恩夫妇的原因。他们找到我的时候，双方已经达成一致，认为需要进行一些改变。于是，我先从他们的愿景着手。两人很快意识到，如果能找到一种共事方法，他们其实很愿意合作。而且，经营一家具有世界影响力的企业是他们共同的梦想，只是他们目前还不知道如何实现。以下是拉克伦运用他的钢铁型天赋，和莉萨一起突破红外层时采取的 3 个步骤。

第一步：测算现金流

◆ 不要花时间评判他人的行动，也不要因此而不行动。

◆ 分析、评估与愿景相关的财务计划。完善的财务计划将为你吸引一个团队，他们会与你共同寻找实现目标的路径。

在4种类型天才中，钢铁型天才最擅长思考和分析。他们会把离开红外层的3个步骤视为常识，但思考如何去做仍然比想象中难得多。那是因为钢铁型天才总是认为会有更好的做事方式，而且总能看到事物的风险和缺点。

身处红外层的钢铁型天才，在储存金钱方面没有困难。他们的问题在于如何赚更多钱。发电机型天才和火焰型天才，天生就擅长赚钱，因为他们有能力把创意和人联系起来。但这两类天才都不擅长储存。节奏型天才和钢铁型天才，很擅长储存金钱以及规划支出，但不擅长踩油门、加速赚钱。

身处红外层的钢铁型天才，通常都有记账和整理预算表的习惯。但问题是，他们持有的资产很可能吸光他们的现金。或者，他们坚持做一份低收入的工作而不愿放手，而且常常因担心风险而不敢做决定。

钢铁型天才擅长节约成本，需要和知道如何执行任务的人建立联系。如果你是钢铁型天才，你挣得报酬的方式应该是帮助他人获得更多净利润而非提高销售额。

拉克伦需要做的就是与发电机型天才合作，即他的妻子莉萨。他和莉萨组建了一个团队，并且制订了财务计划。当时，他们的现金流已经发生了变化，可他们不知道如何应对，有了财务计划，问题就迎刃而解了。

第二步：采取行动

- 不要把时间花在细枝末节上上，尝试通过分析获得成功，并且独立完成一些事情。
- 在他人的帮助下寻找财富流。与团队保持相同的行动节奏，保持乐观，沿着正轨前进，并用擅长处理细节与将事务系统化的能力，和那些能帮助你打开财富流的人建立联系。

钢铁型天才的脚，一直在踩刹车，而非油门。他们会把外在事物吸收内化，会把手头的事情完美解决后再继续前进。当拉克伦和莉萨发现他们分别是钢铁型天才和发电机型天才之后，突然明白如何合作以及之前为什么会遭遇挫折了。

首先，莱恩夫妇设定了行动节奏。在这个节奏下，他们可以把80% 的时间用于经营现有业务，追求现金流目标，然后用 20% 的时间规划新业务。莉萨集中精力思考如何通过促销活动增加收入，拉克伦则负责和供应商谈判。他们从优先扩张生意，转变成优先提高业务的效率和质量。结果如何？他们通过缩小团队规模，削减了工资成本，并通过发展推荐人而削减了营销成本。在利润保持不变的前提下，他们把省下来的钱用于支付离开红外层时需要付清的账单，并为自己赢得了规划未来的喘息空间。

第三步：承担责任

- 当你试着解决事情时，不要把自己和周遭环境隔离开来。
- 对一些人负责任。投身于一份更重要的事业，与可以使你重回财富流的、发电机型领导或擅长人际交往的同事合作。

身处红色层的钢铁型天才，在不知道如何重获现金流时，会把自己和环境隔绝开来，独自行事。身处红外层时，节奏型天才和火焰型天才，会迷失于人际交往或行动中，而发电机型天才和钢铁型天才，总会试着独自完成手头的事务，这就相当于把自己和所需的帮助阻隔开来。

我和拉克伦与莉萨一起描绘了他们的愿景：在未来的某一年，他们过上了鼓舞人心的完美生活，所有的烦恼烟消云散，银行里存款多多。我问他们，在那个美好未来，他们会做些什么以及那会与今天有何不同。他们说依然会共同工作，并希望能创办、经营环境友好型事业，但那需要更加用心，并且需要更多家庭支持。

接下来，我们开始设定每周和每天的节奏，帮助他们实现愿景。我和他们分享了我每天早上都会问自己的 8 个问题，这些问题确保我每天都有一个零压力的开始。(你可以在本书的结尾处找到这 8 个问题。)于是，他们明白应该让事业满足自己需求，而非成为事业的奴隶。这赋予他们强大的力量，使他们团结在一起，让那些事业中的艰难决定变得容易了一些。

不出几个月，莱恩夫妇就决定了接下来要开创的新事业。莉萨列出一长串点子，然后两人合作锁定了新目标——为注重环保的澳大利亚家庭提供首款全环保尿片。

对于拉克伦和莉萨而言，承担责任不仅意味着对自己的家庭负责，也意味着为全国的家庭提供服务。他们在正式创办这家公司之前，就吸引了成千上万个家庭的关注，并获得了订单。在我和他们初次见面之后不到两年，他们的公司就从海外订购了一集装箱的货运送到澳大利亚。

离开红外层是否意味着，我们从此就过上幸福快乐的生活了呢？不，旅程还在继续！就像雷娜特和我一样，拉克伦和莉萨今后依然会遇到许多幸与不幸。

这是人生的常态。攀登财富金字塔就像扬帆远航，海浪会越来越大，你收获的成功和遇到的挑战也会越来越大。但是，拥有更多财富流就像是航行中遇到了强风，借着海风，你可以更轻松地航行，而且当你需要时间或金钱支持时，它们就在你身边。

每个月赚多少钱，你的现金流才能转负为正？

与改善健康状况类似，除非你了解自己财富流的情况，否则无法着手调整。身处红外层就像使用着漏水的管道系统，不论你有多少钱，它都会悄悄从缝隙中流走。测量现金流就像修理水管上的缝隙，并把你的现金流计划导入一套价值百万的管道系统。

试着做这项练习：给自己两周时间赚钱，赚钱方法任选，赚到的钱会加入你的个人现金流。你可以找一份以小时计薪的工作，可以从自己的公司获取报酬，可以找兼职。总之，赚钱方式你自己决定。想象自己度过这两周的所有方式，你有信心赚到多少钱？ 10 美元还是 100 美元？或者是 1 000 美元、10 000 美元？

我曾帮助一个团队进行这项练习，当我把金额报到 1 000 美元时，只有一半人举手表示自己可以做到。当我不断加码，举手的人越来越少。每个人都有信心在两周内赚到 100 美元，但没有人把重点放在探讨赚到这 100 美元的方法上。这不是因为我们没有认真对待 100 美元，只是大部分人都不会为赚 100 美元而困扰，因为我们的目标是赚 100 万美元。

真正的关键不是学习如何成为百万富翁，而是思考这个问题：如果你知道赚到 100 美元的方法，那怎么做才能把这个数字倍增到 1 000 美元？这就需要创造赚 1 000 美元的方法。如果每周多赚 500 美元，能够满足你基本的生活开销吗？你的现金流会转为正，并且攀升到红色层吗？对于大部分身处红外层的人来说，500 美元足矣，就算不足也距离目标不远了。

那就是为什么，不论你是哪种天才，离开红外层都需要先回答这个问题：每个月我到底需要收入多少钱，现金流才能由负转正？有的人需要几百美元，有的人需要几千美元。**不管数字是多少，知道自己具体需要收入多少钱是从红外层攀升到红色层的第一步。**只有走出这第一步，我们才能集中精力摆脱负现金流和其带来的压力。那么，你每月需要收入多少钱？

计算出那个数字后，问问你自己：削减开支是否有助于实现目标？（我不是说要一直使用削减开支的方法来改善现金流，而只是在攀升到红色层时使用。）通过这个关键步骤，你可以买回更多时间，重拾前进的动力，并能够用不同的眼光看待事物，而不必长期承担压力和焦虑。

一旦确定了目标收入，而且已经通过削减支出弥补了目标与现实之间的差距，你就可以更清晰地观察其他红外层天才突围的方法。离开红外层有4种方法，选择哪种方法取决于你落入红外层之前的状态。这些方法分别和橘色层、黄色层、绿色层和蓝色层相连（它们都与市场流相连）。

橘色层策略（第一档）：如果你没有自己的公司、团队或可出售的资产，那么请选择这个档位。你需要削减开支，并找到报酬足以帮助你走出红外层的工作。这并不意味着你要把自己丢入求职市场，或者找一份自己不喜欢的或报酬太低的工作。我将会在第4章里告诉你如何找到适合自己天赋与热情的工作，以及如何选择自己的团队，而非等待团队选择你。（鲁斯蒂卡和雷娜特选择的就是这个档位。）

黄色层策略（第二档）：如果你是（曾经是）一名身处黄色层的自由职业者或小企业主，那么你一定知道如何通过营销宣传创造利润。通过营销宣传，你可以直接获得足以使你走出红外层的收入。关注那些能够创造最多现金流的方法，你就可以快速离开红外层。（拉克伦、莉萨和我选择的是这个档位。）

绿色层策略（第三档）：作为（曾经的）绿色层合奏者，你已经拥有一家公司，而且知道如何调整团队发展方向以创造更多现金流。拥有这些条件的你，只需要做一些微小的改变就可以迅速走出红外层。这种改变可能非常小，比如把资金更多用于支付个人账单而非再次投入公司发展中。这听起来很简单，不过你要确实去做。当看到银行账户里的资金状况变好时，你整个人会变得更加积极。

蓝色层策略（第四档）：如果你拥有多项资产或债务，那么可能只需要对其进行简单的重组整合，就可以走出红外层。这意味着，你要出售那些正在消耗资金的资产，关闭让你花钱如流水的公司。从蓝色层跌到红外层的你，应该调整偿还利息与债务的方式。你不需要把所有的利息与债务都还清，只需保证每个月的现金流为正即可。现在还不是期盼资产升值或拥有自己的公司或房子的时候。

选择适合自己的策略，然后遵循走出红外层的步骤，向红外层以及更高的层级攀登吧。即使攀登过程中，你被某些事物阻挡，或不知道如何多赚 500 美元或 1 000 美元，那也不用担心。在下一章，我会介绍一项分步练习，通过这项练习，你就可以辨认出能为你带来财富流的人，并与他们建立联系。

现在，不要放过任何增加现金流的机会，并在测算现金流的同时，制订相应的计划与日程。你应该首先集中精力回答“是什么”和“什么时候”的问题，然后“谁”和“怎么做”的问题就会迎刃而解。

附带提一下，如果你正在阅读这个章节，而且你目前已经拥有正向的现金流，也请按照这 3 个步骤进行。这样，你就能打下坚实的基础，确保自己远离红外层。因为当你更加成功时，会很容易停止追踪财务状况。

有一条策略对我个人财富累积帮助很大，它就是：每 3 个月测算一次拥有的资金，并且扩充净现金流。你要执行的第一项任务就是，衡量你需要获得什么才能走出红外层。

在从红外层向红色层攀升的过程中，你想要创造的东西确定了你测算与扩充个人财富的节奏（从第一次多赚1美元开始）。这种节奏会持续下去，直到每年都会有数百万美元流进你的账户。

如何治疗“负翁”体质？

你肯定还记得我说我们都是天才，那为什么天才的我们会陷入负现金流中不能自拔？我们确实分别具备做某些事情的天赋，但在给不愿意做的事情找借口方面，我们具备更强大的天赋。以下是我们阻挡财富流、让自己滞留在红外层时最常用的5个借口。

我不能削减支出。如果你有收入稳定的工作，却仍身处红外层，那么你一定是花费过多了。事实是，总有人比你赚得少，还能让自己拥有正向现金流。只要愿意，你一定能找到削减开支的办法。

我赚不到更多钱。不论你是受雇于人还是自己单干，你都得计划自己需要赚多少钱。这和你拥有多少才华以及是否努力工作无关，而是思考你正在传递怎样的价值、正在向谁传递。

我很快就会离开红外层。很多人知道他们身处红外层，但相比制订突围计划，他们更倾向于幻想中大乐透或公司突然取得巨大成功。当年汽车被拖走时，我就是这么想的。将你从红外层解救出去的其实是一些微小的、胜券在握的举动。

我需要追随我的热情和理想。某些书确实会告诉你应该追随自己的热情和理想，这是个好建议，除非你不在红外层。假设你想减肥，只是简单地追随自己的热情（吃巧克力蛋糕），显然不是正确的方法。实际上，追随热情很容易让你陷入麻烦。你需要把纪律性放在热情之前。

我的投资项目比我更需要资金。拥有大量资产却口袋空空的人多到惊人。你可能已经持有房产和其他投资项目多年，但依然处于红外层。原因在于，这些投资项目需要你持续投入资金，它们的支出大于收入。出售那些入不敷出的项目，就可以帮助你的现金流转负为正。是放手时的疼痛,阻止你过得更好。走进财富流，让那些不那么有价值的项目离开你的生活。

这些借口我基本都用过，有些还用过多次。我也犯过不少导致自己重新落入红外层或在此停滞不前的错误。

我曾经坚持单干。红外层源自隔离。如果你认为证明自己就必须创办公司或吸引他人帮你做事，而非帮助他人发展他们的事业，那么我几乎敢肯定你必然会遭遇失败，而且被困在这一层。

我曾经把责任推卸给别人。推卸责任是解除身处红外层时焦虑的最简单方法。这么做可能会让我们感觉好一些，但对改变境况没有丝毫帮助。实际上，这么做只会阻碍我们担起生活的重担并获得掌控权，而这正是我们取得改变之前需要做的事情。推卸责任也会让那些能够帮助我们进入财富流的人，对我们产生糟糕的印象。推卸责任还会让我们吸引更多总想责怪他人和满腹牢骚的人。这意味着我们周围将会出现大量身处红外层的人，而这无疑会增加我们离开红外层的难度。

我曾经故意挑起过事端。或许你认为和合作伙伴偶有争执可以推动事态发展，也能够暂时释放压力，但实际上，发泄负面情绪根本不起任何作用。如果你真的认为某件事很重要，那就设法掌握控制权，并从根本上改变它。任何无关紧要的事情只会分散你的注意力，使你陷入负面情绪，无法从红外层脱身。

如果你曾经找过这些借口，或做过这些无谓的事，或曾经陷入困境几乎就要放弃希望，那么，在我们继续讲述红色层和橘色层之前，还有最后一件事你应该知道：一切都会好起来。

当然，在汽车被拖走的那个晚上，当我茫然地站在新加坡空荡荡的大街上时，如果有人这么对我说，我一定不会相信，但如今，确保你会走出人生困境已经成为我的人生使命。我们全球富裕的使命，并不是为少数人创造更多财富，而是让所有人都能不断积聚财富。

或许你认为自己已经读遍了所有财富管理类书籍，但仍然迷茫无措。你或许已经失去信心。

但实际上，还有很多人相信你，而且当你充分发挥潜力赚钱和付出时，会有更多人感谢你。

一切都会好起来，而且请记住：你不必因此责备自己。当潜力得不到充分发挥时，每一种天才都被阴影笼罩。不让发电机型天才发挥创造力，只会让他们对自己创造价值的能力失去信心。

类似的情况是，火焰型天才没有机会和其他人一起工作，而是被迫关注细节；节奏型天才无法为他人服务，而是必须不断想出新创意；钢铁型天才没有机会独自完成任务，而是必须和人交流合作。当才能被阴影笼罩，我们当然无法利用天然优势处理事情。

书中其他天才的故事里可以帮你走出阴影。他们的故事可以让你体会到走出红外层的感觉。你可能只是依照顺序从红外层攀升到红色层，而有些人则会直接抵达黄色层、绿色层或蓝色层。那是因为这些人已经知道如何经营企业、融入高效团队，以及如何操作投资组合。对他们来说，走出红外层，只需要重新组织管理个人财务状况。总之，一切都会好起来，你值得获得更多。

上位前检查清单：红色层

在忙碌起来之前，你必须知道自己的财务目标是什么，并确保正现金流每个月都在增长。可以的话，我建议你登录百万富翁成长计划的国际版网站 www.millionairemasterplan.com 查看补充指南和视频。

现在请填写检查清单，在相应的选项前打勾。你评估判断的依据是什么？当 9 个问题全部勾选了“是”的时候，就证明你已经构建起能真正远离红外层的管道系统了。

测算现金流

1. 我拥有测量个人财务状况的系统，借助它，我可以知道自己每月的净收入是多少。

□是 □否

2. 每月我都会预测和检查财务状况，并持续追踪。

□是 □否

3. 我拥有一套银行系统和评估系统，确保财务状况尽在掌握。

□是 □否

采取行动

1. 我精心设计了自己的人际关系、环境、空间以及旅行，且正处于财富流中，同时呈现出了最佳的状态。

□是 □否

2. 我正按照一定节奏规划每年、每月、每周的时间和活动，使自己保持平衡与热情。

□是 □否

3. 我拥有一种日常节奏，它为我的思想、身体与精神注入能量，并且使我拥有健康的身体与旺盛的精力。

□是 □否

承担责任

1. 我把与航线相匹配的行动作为最优先事项，并坚持每天完成。

□是　□否

2. 我会严格管理情绪并竭力避开干扰事项,身边的很多人都支持我。

□是　□否

3. 我确保能够知道答案和获得支持，面对不确定时我能勇敢行动。

□是　□否

本章概要

1. 红外层充满麻烦和压力。
2. 你可能坐拥数百万资产，但依然身处红外层，因为你的现金流为负。离开红外层必须成为你的最优先事项。
3. 你可以通过以下步骤离开红外层：
   - 测算现金流
   - 采取行动
   - 承担责任
4. 不同类型的天才在执行以上 3 个步骤时，需要选择不同的策略。他们需要做的事以及不要做的事也不尽相同。
5. 走出红外层有 4 个档位可供选择，包括橘色层策略、黄色层策略、绿色层策略和蓝色层策略。
6. 这 3 件事会让你长久滞留在红外层：坚持单干、把责任推卸给别人以及故意挑起事端（关注消极面）。
7. 这些借口也会把你困在红外层："我不能削减支出""我赚不到更多钱""我很快就会离开这里""我需要追随我的热情和梦想""我的投资项目比我更需要资金"。
8. 牢记：一切都会好起来，只要按照步骤一步步做。

行动要点

根据你的天赋分配时间和精力

不管处于哪个层级，测算现金流的关键都是创造与你财富优势类型相匹配的时间和金钱管理节奏。它能够激励你，吸引你，使你身处财富流中，并确保你发挥其他天赋的价值。

我们每个人或多或少都拥有 4 种天赋，其中最突出、最主要的天赋，将在我们的成功之路上发挥最重要的作用。作为发电机型天才，我成功的方法就是发挥创造力，但这不能成为我逃避运用其他天赋的借口。换句话说，像我这样的发电机型天才不能说："我具有创造力，所以除了提供创意外，我不需要做其他任何事情，不需要和其他人交流或担心财务数字。"换句话说，这些事我都会做。

如今，身处财富金字塔蓝色层的我，比任何时候都更清楚积极运用其他天赋的重要性。我知道，如果我不在每个星期、每个月都留出一些时间，运用钢铁型天赋和财务团队开会，我就会错过重要的事情，也可能打破辛苦设定的节奏。尽管管理财务数字不属于我的自然天赋，但我仍需要唤醒心中那个不起眼的钢铁型天才，高度关注细节，拒绝甚至打压狂妄、不切实际的想法。我只需要 1 个小时，在那 1 小时里，我会了解与生意相关的所有数据。

你很有可能尝试过一些时间管理技巧，其中某些技巧可能真的奏效。在这方面，我遇到的最大问题是，人们总是希望在很短的时间内完成大量任务。消除这种执念的秘诀是，你需要意识到，在哪里完成任务跟在什么时候完成任务同样重要。环境的重要性超乎我们的想象。有太多人因为试图多任务工作而承担巨大压力。

试想一下这个场景：当你坐在桌边研究财务报表时，电话响了，接完电话你再次回到桌边，重新集中精力核对账目。这就像是试图把冰块和开水放在同一个容器里。切换状态会耗费大量精力，也会产生压力。

在第 1 章，我曾提到“第五元素”。它把 4 种财富优势类型连接成一个循环通道。第五种元素就是你的性灵，你的进取精神。它也是所有循环的开端，即“为什么”。它会引申出其他元素的问题：“是什么”（发电机型）、“谁”（火焰型）、“什么时候”（节奏型）以及“怎么做”（钢铁型）。

在巴厘岛的度假屋，我设计了 5 间结构摆设各不相同的工作室，分别有助于 5 种元素的发挥。当从事创意工作时，我会待在“是什么”工作室；当需要和他人交流时，我会进入“是谁”工作室；当我想要评估事务的情况时，会转移到“什么时候”工作室；当我需要分析数据时，则会进入“如何做”工作室；当我需要思考愿景时，则进入“为什么”工作室。我会在不同的房间完成相应的事务，这样就能更好地发挥自己的能量。

现在，用 5 种元素规划你的一周，安排自己应该在何时何地完成何种工作，并且按计划执行。你可以把周三设为自然天赋日，然后依次向后安排。例如，如果你是发电机型天才，周三就是“发电机日”，周四就是“火焰日”，以此类推。下面是我的一周安排。

发电机型空间：在这里，你可以进行头脑风暴、发明创造，思考新创意，以及回答“是什么”的问题。这里有一堵可以粘贴纸张的空白墙壁，并且可以看到室外全景。不要在这里接电话、发短信或使用任何社交媒体。在这里，不要纠结细节或因他人而分心。

火焰型空间：在这里，你可以和他人交流，回复邮件，接电话以及回答“是谁”的问题。踏入这个空间时，你可以带上所有便利贴，不管上边记着什么——联系方式、重要人物的照片、重要谈话内容、待办事项等。这里是交流的空间，而不是做白日梦或犯拖延症的地方。

节奏型空间：在这里，你可以保持冷静、踏实的心态，和团队成员坐下来制订计划，或是聆听客户的需求。在这里，你可以回答“何时”以及“在哪里”的问题。这里不适合推广或销售，但适合提供关心与服务，以及处理没那么重要的、和人相关的事务。不要让任何过度积极或消极的能量进入这个空间。

钢铁型空间：在这里，你可以集中关注细节，获得安静独处的时间，并且可以清晰地思考“怎么做”的问题。你可以把所有财务档案和电子表格存放在这里，并轻松展开分析细节的工作。排除所有干扰物，这个空间不应该有电话、电子邮件和任何会分散注意力的东西。在这里，请保持批判性，并虚心接受所有批评。

性灵空间：在这里，你会受到激励，并且环境会促使你思考更高目标和更宏大的愿景。你可以在这里深呼吸，并发自内心地微笑。每天早上，作为新的一天的开始，我都会先进入性灵空间，问自己 8 个问题（具体问题参见第 8 章末尾的行动要点）。

为了每天都能充分发挥思想、身体和性灵的能量，你会创造出怎样的高效环境？不论你是职场人士，还是整日围着孩子转的家庭主妇，都一定可以找到合适的方法，重组自己的时间和空间，使自己呈现出最棒的状态。一旦建造起了这些空间，请马上设计你的日程安排，并坚持执行。

请严格按照日程表执行，不要因为在前一个空间耗费太长时间，而延迟进入下一个空间的时间。正如我不想因为不守时而让其他人等我一样，我也不想因为精力充沛的罗杰占用了太多时间，而让热情似火的罗杰苦苦等待。

第 4 章

如何上位到橘色层？
爬梯子，而不是跳蹦床

意大利人卢西奥想在中国台北开餐厅，不同的文化冲突到底会让他的财富积累计划水土不服，还是如有神助？只会做会计的珍妮特被服务了 20 年的公司辞退了，上有账单下有学费的她是该继续深耕古板的会计生涯，还是换换跑道开启崭新人生？

红色层人群画像

判断标准：每月现金流归总为零；无亏空或也无盈余

情感：忧虑；有压力；稍感安慰

停留在这里的代价：疲惫；隐忍；生活不断地重复

需要关注：热情与人际关系

我是如何到达这里的？缺乏耐心；被别的事务分心；被环境操控

我要如何攀升？找到热情所在；制订标准；追随财富流

红色层仅比最底层的红外层高一个层级，但当你离开红外层来到这里时，感受会大不相同。在我的人生中，每当我从红外层攀升到红色层时，都会如释重负，因为每个月，我终于能把账单付清了。我不再被焦虑和不确定性控制，并且开始感觉到自身价值。在红色层时，我终于能再次享受生活，和其他人建立积极的关系，而且不再像之前那样强烈地渴望说出自己的意见，或者抱怨、批评。

这些感觉很棒，但也会引诱我释放出发电机型天赋。我会想，既然现在已经没有债务了，那就开始思考创造些什么产品和服务，让钱来得更快吧。然后，我会再次带着负现金流落入红外层。

红色层携带的良好感觉会提供两种选择：你要继续老老实实地攀登财富阶梯，还是借助蹦床获得财富？后一种选择往往会让你落回到红色层，甚至下降到红外层。

之所以会身处红色层，可能是因为你一直以工作或生意为中心，而没有关注个人财富和幸福；可能是因为你已经习惯了赚多少花多少，或是急于把手头的钱用于投资，所以没有太多流动资金，进而无法享受财富；也可能是因为你的父母或配偶正在挽救你、支持你，让你免于落入红外层；也可能是因为你的工作收入较低。

不论你的经济状况如何、年龄多大、生意做得多成功、落入红色层的原因是什么，你都是一名幸存者，因为你懂得把额外获得的钱用于生存，而不是投资，或装饰外表、向他人展示你的购买力。

你已经不再是溺水状态了，但你依然得踩着水前进。管道里有水流，水龙头也开着，但没有给水栓。你赚的钱只够付生活账单，以及少数精美的商品或偶尔的额外开支。相比促进盲目扩充财富流，你这种状态更容易偏离轨道：误认为可以通过投资股票、房产或推出新计划而获得成功，但不论尝试多少次，最终结果都是“回到原点”。

推出新计划，投资生意、股票或房产都没有问题，但身处红色层的你无法让它们持续发展下去。周而复始的生活，会让你的所有决定都显得短视，而你也会因为无法攀升到更高层级而沮丧和无助。

这就是为什么身处红色层时，你既会感觉痛苦减轻又必须忍耐。正如我提到的，留在这一层就像是身处一张蹦床：你或许会跳得很高，甚至能达到更高财富层级，但你不会在那里停留，你总会掉落到你起跳的位置。为了继续向上攀升到橘色层及更高层，为了真正积累起财富，跳跃的方式不可取，你需要一步步攀登。所以你需要每个人在积累财富时都会用到的工具：一架梯子。

实际上，从幸存者转变为百万美元富翁，你只需踏过 10 级台阶。我很确定是这个数字，因为我走过。运用你的天赋，你可以踏着这些台阶不断往财富金字塔的更高层级攀登。现在，你已经走出了红外层，也就是离开了财富金字塔的底层，是时候踏上第一级台阶了。

让现金流快速翻番的 10 级阶梯

在看着自己的汽车被人拖走后，我制订了一个走出红外层的计划。令我尴尬的是，其实我的一位良师益友（他是一名百万富翁）早在多年前，就已经给过我相同的建议了。当时我向他咨询与生意相关的问题，但没有听进他的忠告，因为我认为自己能想出更好的办法。

那时我在伦敦经营杂志社，在努力赚钱。那是我第一次见到真正的百万富翁。我兴奋地向他介绍公司，然后挨个问他纸条上准备好的问题，比如如何建立合作关系以及我是否雇用了合适的员工等。

“你已经亏了多久了？”他问我，打断了我连环炮般的问题。

“噢，我的公司才创办了不到 3 年。”我回答他，试图解释利润微薄的原因。

“不，我不是指你的公司，我是指你。个人而言，你已经亏损多久了？”

他怎么知道我正在亏钱？当时我还对百万富翁成长计划一无所知，并没有意识到自己处于红色层的特征这么明显。

“我不太明白你的意思。”我茫无头绪地说。

“你每个月会在投资组合上花掉多少钱？”

“啊，不，我没有投资组合，”我笑着说道，“我不是一个投资者，而是一名企业家。我把所有的钱都投入了我的公司。”

他摇了摇头说：“如果你想知道我的意见，就等自己的现金流变为正，并且开始经营投资组合之后再说。如果你不愿意在自己身上投资，那我也没办法在你身上投入时间。” 他边说边往门口走。

“等一等！”我大声喊道，“不要走。我很抱歉。我不是有意惹你不高兴，”我混乱地说道，“我真的发自内心地感激你的帮助。你刚才说我应该怎么做？”

他停下了脚步，然后坐回沙发。“你无法使公司的现金流转负为正是因为，你都没有办法让你的个人现金流变为正。如果你真的想要积累财富、创造价值，就先从自己开始。”

“我学东西很快，”我边说边把写着问题的纸条折了起来，“你想要我做些什么？”

“只要每个月底的时候能比上个月多结余 100 美元就行，”他微笑着说道，“只要你赚的比花的多 100 美元就行。很简单。”

我半皱着眉观察他，努力不要再次惹怒他：“现在我就可以做到。我只需要每周少花一点。”

“很棒！”他说。

我停顿了一下，接着问：“然后呢？”

“然后，把数字加倍。做到每月比上个月多结余 200 美元。一旦你做到了，再把数字翻一番。”

“第 3 个月达到 400 美元？”我问道。他点了点头。

“如果你愿意的话，翻番的时限取决于你。”他回答道。

“每月存 400 美元怎么会让我变得富有，或是对我的公司发展带来帮助？”

“计算一下翻十番之后的结果，再问我这个问题。”

然后，我在纸上写下以下数字：

- $200
- $400
- $800
- $1 600
- $3 200
- $6 400
- $12 800
- $25 600
- $51 200
- $102 400

如果每月的净现金流是 102 400 美元，那么从第十个月算起，我将在未来一年里获得百万美元的收入。仅仅通过增长每月的净现金流，就能使年收入达到百万美元！但那对我来说似乎依然遥不可及。我看不到超越第四行数字的希望。

我摇了摇头。“我知道通过努力工作、增加销量，或许可以每月结余 800 美元，甚至 1 600 美元，但我不相信我能使每月结余从 25 000 美元增加到 50 000 美元，特别在短短 10 个月内！”

“首先，”他说，“你会发现，基数越大，让它翻番就越容易。其次，你不需要每个月都翻番。如果期限放宽到一年如何？你认为 10 年之后，你能把每月结余从 50 000 美元增加到 100 000 美元吗？”

我计算了一下，当时我 22 岁，32 岁似乎是非常遥远的未来。“不！”我说，“我肯定不需要 10 年那么久。”

“所以，按月翻番太快，按年又太慢。我们不是在讨论你能不能成为百万富翁，而是你什么时候能成为百万富翁。”

我备受鼓舞地离开了房间，并且牢记着谈话的内容，直到我重新取回汽车。我在那个重要的晚上制订出了一个计划，这个计划的一部分和那位百万富翁所说的“十步走策略”相同。我计算了一下，如果我的个人净收入能每三个月翻一番，我就可以在两年半的时间内完成目标。也就是说，在这 30 个月内，我要么实现目标，要么“成功”进行一项失败实验。身处红色层的我们都有机会开展这项实验，这其实是在扩大规模和改进现有事业之间做选择。

在过去，我热衷于扩张，思考的是如何扩大企业规模。这两种做法的差异在于，扩大规模时增加的是收益而非利润；而改进现有事业是在集中关注力于眼下。我会问自己：“怎么做才能赚到更多利润？怎样才能从最大的客户那里赚到更多钱？如何才能使现在的生意运作得更好？有哪些微小的调整，可以使日常预算提高一些？”

后文中介绍发电机型天才的部分详述了我制订计划后的经历，以及我是如何一步步攀登财富金字塔的。简单来说就是，我找到了使收入每三个月增长一次的梯子，并且一直不停寻找新梯子。6 个月后，我每月的净现金流达到 400 美元。我成功的方法仅仅是确保公司把精力集中在赚取利润而非扩张规模上。

我变得更加积极和正向了，并随着收入的增加寻找更多的机会。

到了第二年，我对金钱的观念与之前有了极大的不同。我筹集了风险资金，着手扩张公司规模。我投资能带来高现金回报的房产。现金流在持续扩充，我也随之不断思考。大约 3 年之后，我的现金流达到了 100 万美元，我的目标实现了！我非常感谢我的导师，他的十步走策略不仅帮助我离开红外层进入红色层，还激励我继续向上攀登。

你需要花多少个月才能使获得 100 美元的净现金流？又要花多久才能让它翻一番？你要从红色层出发，向百万美元进发了吗？一旦你有了答案，就遵循以下 3 个步骤，走下蹦床，向橘色层以及更高的层级攀升吧。

你是在来回弹跳，还是直线上升？

在财富金字塔中相应层级中，4 种财富优势类型的天才需要通过 3 个相同的步骤，结合各自的天赋，向更高的层级攀升，虽然各个层级对应的 3 个步骤各不相同。

在第二章末尾，我用一张图片展示了驾驶者如何沿“之”字形路线转变为设计者。在红色层的时候，你就是一名设计者。因此，如果要从红色层上升到橘色层，你需要采取不同以往的方法：相比关注外在（你和他人的关系），现在你需要首先关注内在（你和自己的关系）；相比发挥你的自律与献身精神，现在你需要挖掘自己的热情和决断力。

找到你的热情所在。你身处红色层蹦床的唯一原因就是，你一直在来回弹跳，而没有找到脚踏实地向上攀登的动力。你需要找到能点燃你热情的事情，比如某个与你兴趣一致的岗位或职责。

制订标准。这个步骤有点像红外层中的“采取行动”，只是现在针对的是品质。没有哪个标准不一的人能稳坐百万富翁的宝座。你会为自己的思想与行动设置什么样的标准？你要如何分配时间？

你都在和什么样的人接触？你要如何把标准从花费时间提高到投资时间？你将脱离现状抵达怎样的状态？

追随财富流。人们向前迈进时会犯的最严重的错误就是试图做一名“孤胆英雄”。这样做的结果就是被滞留在红色层甚至掉入红外层。这个世界已经拥有大量财富流，金钱、价值与知识交易每天都在进行。你需要寻找其他已经身处财富流中的人，吸引他们，让他们为你的热情提供资金支持。

接下来的例子会详细介绍 4 种财富优势类型的天才分别是如何采取这 3 个步骤的。不论你属于哪一种财富优势类型的天才，请先读一读发电机型天才的实施情况，也就是我的后续故事。然后请把 4 种财富优势类型的天才的事例都读一遍，这样你就会明白他们各自的成功方法与失败方法。一定要读接下来的关于运用自己“超人时间”和财富流语言的总结。这些内容有助于你成功脱离红色层，向橘色层及更高层级攀升。

发电机型天才：找到另一位发电机型天才

关于我的故事，前面说到，通过十步走策略，我把杂志社的业务从无现金结余转变为每月结余 800 美元。我找到了出价更高的客户，并且在房产杂志上开辟了新的板块，试图吸引新市场的客户，如家居与房产服务。但是，这么做没能使每月结余从 800 美元上升到 1 600 美元。我需要采用其他的赚钱方式，直面阻碍我继续向前的障碍。

第一步：找到你的热情所在

- 不要仅依靠发电机型天赋思索并实施下一个计划，不要冒太大的经济风险。

- 利用自由行动时间寻找和自己拥有同样热情的人，找到你想要与之合作且目前已身处可观财富流中的人。有时间但没钱的人都要知道，这个世界上有很多有钱但没时间的人。

终于抵达红色层的发电机型天才，很容易在如释重负的同时，重新踩上油门，试图扩张手头的资源。当商业模式无法取得进一步的发展时，就无法产生更多回报；或者，当我们所在的市场空间有限时，发电机型天才最终可能会因为扩张过度而重新跌落红外层。这就像是揠苗助长，最终导致整株植物死亡。正如中国古代哲学家老子所说："道恒无为，而无不为。"不要试图加快事物的自然发展速度。

找到你的热情所在，并不是指追逐外在事物，那会让你和身边的人都精疲力竭。它指的是观察你的内心深处，思考你最热爱的是什么，什么事情会让你每天劲头十足地跳下床去。你需要找到已经身处这股财富流中、且和你热爱相同事物的人，并与他们建立联系。

我热爱创造和为他人增加价值，所以我做了一个表格，列出了和我拥有相同热情的公司，包括热爱房地产的出版公司以及教育领域的企业。如果可以和效益比我的公司好的企业建立联系，并向它们学习，我就有机会进入它们身处的财富流，掌握赚到更多利润的新方法。接着我采取了第二个步骤。

第二步：制订标准

- 不要为了完成超负荷的任务清单而匆忙行事，不要总是把超出能力范围的事情塞进任务清单。
- 找出和你拥有同样热情且身处财富流中的人，对比研究他们管理重要事项、时间、思想、行动、人际关系的标准，改进自己的标准，向他们看齐。

身处红色层时，发电机型天才需要保持清醒的头脑，并且集中精力实施一个基于高标准、以更好的人际关系和微小的成功为优先考量的计划。你需要为自己和身边人的交往方式制订标准。这并不是指你要把自己的观点强加给别人，而是说你要花时间了解，凭借你的天赋，你可以传递哪种对他们而言真正重要的价值，以及如何传递。

为了扩充现金流，我需要找到和我拥有相同热情，并且标准比我更高的人，然后再调高自己的标准，向他们靠拢。寻找目标对象时，我问过自己一些问题：谁拥有的财富已经达到了我理想中的层级？在这些人中我可以和谁取得联系？到哪里我才能见到他们？

于是，我开始参加行业内的社交活动。在我一门心思想靠杂志社赚钱的时候，我从没参加过这类活动。渐渐地，教育行业勾起了我的兴趣，我遇到了成功企业家陈宝春（Richard Tan）先生，他是新加坡成资集团（Success Resources，在亚洲具有领先地位的研讨会主办公司。——译者注）的创始人。

陈宝春从美国邀请了许多著名演讲家来新加坡举办研讨会，吸引了成千上万名参与者，包括约翰·麦克斯韦尔（John C.Maxwell，享誉全球的领导力大师、演说家与作家。——译者注）、诺曼·施瓦茨科普夫（Norman Schwarzkopf，美国陆军上将、中央司令部司令、海湾战争多国部队总司令。——译者注）与比尔·克林顿。我对成资集团非常感兴趣，他们在节省昂贵的印刷费的同时依然拥有许多受众。这推动着我迈出了第三步。

第三步：追随财富流

- 不要以工作或公司的超负荷压力为代价，换取更大的个人财富流，那相当于在沙漠里挖水井。
- 关注这个问题：怎样做才能帮助他人增加财富流。运用你的自然天赋为他人创造利益，并在你和他们的财富流之间建立连接。

当财富流达到一定程度后，发电机型天才常会从头开始创办新事业。由于我们自认为了解他人想要什么，以及他们爱上我们的点子的原因，我们会花时间创造新东西、创办新公司。然而，这么做只会令我们陷入无休止的从头再来的循环中。

第三步中所说的找到财富流，不是说找到你的财富流。现在还没到一切只靠你自己的时候。只有攀登到财富金字塔的更高处，你才会具备这种能力。现在是“边学边赚”的时候。

我听说陈宝春先生请来了世界第一的房产销售大王汤姆·霍普金斯，于是问他是否愿意在汤姆来新加坡期间，和我合作举办一场房地产研讨会。交换条件是，我邀请我创办的杂志的所有订阅者都来参加。他认为我的提议不错，于是我们成了合作伙伴。

我知道怎么和订阅者打交道，但不知道如何举办一场活动，而和陈宝春先生的此次合作，使我有机会从内部学习举办活动的技巧。筹备活动的过程非常辛苦，但我们成功吸引了好几千参与者。我们共同承担了风险，也分享了荣耀。

最终，我在当天活动上赚到的钱比经营杂志社一整年赚到的都多。在运用发电机型天赋进行创造，并集中精力攀登财富金字塔时，我学到了继续执行百万富翁十步走策略的新方法：帮陈宝春先生赚钱，并给大家带来更多的价值。

节奏型天才：弱水三千，只取一瓢

我和格雷丝·拉伊相识的时候，她才 20 岁出头，居住在澳大利亚。那时她刚从医学院毕业，身处红色层。但格雷丝认为当医生有些太过普通。当她发现自己是节奏型天才后，她认为金融交易或许更适合自己。

毕竟，节奏型天才非常擅长处理交易。所以她开始和认识的一些正在尝试进行股票交易的人取得了联系。

问题是，格雷丝不知道这些人是否正在赚钱。他们似乎都是新手，还没有成功的交易经验。格雷丝问我最好的交易方法是什么，我告诉她：如果你不确定他人是否会信任你，并让你帮助他们投资时，你为什么还要对自己投资？

我告诉格雷丝，学习交易需要时间，所以她最好选择一个自己热爱的领域。节奏型天才喜欢制订标准并且追随财富流，问题在于要找到自己的热情所在。

对格雷丝来说，还有一个问题：如果你正在给别人打工，没有自己的公司，那么要如何走出红色层？作为与发电机型天才相反的天才，节奏型天才要如何用不同的方式完成这三个步骤？以下就是格雷丝的方式。

第一步：找到你的热情所在

- 不要因为有人告诉你那是又好又快的赚钱方法就选择那条道路。不要仅仅因为钱而选择前进的方向。
- 从你的人际圈子里找出并调查你非常愿意与之共事的人，即使与他共事会导致你无法实现财务目标。

对于像格雷丝那样的节奏型天才来说，从红色层继续攀升，并不意味着找一辆能载她离开的汽车，而是从已经找到的数辆汽车中，挑选出自己想坐的那一辆。

节奏型天才需要找到自己的热情所在。对格雷丝来说，答案就是她目前的工作：她对整个医疗领域都充满热情。令她感到更加兴奋的是，生物医学研究、生物技术以及个性化医疗领域中有许多优秀的公司正以激动人心的新方式进行着革新。

格雷丝撰写了她的愿景。她希望将来可以运作一个投资基金会，投资对象是一些能在世界领域内，治愈某种疾病的最前沿的医疗技术。她将对世界产生很大的影响，同时也能为自己、为投资者以及所有愿意冒险投资医学未来的人带来收益。

格雷丝很爱她的愿景，但问题是，她同时获得了一份研究生奖学金，这让她不知道该如何选择。所以我让格雷丝试想 20 年后的情景："如果你确实遵循着自己的心意前进，那么接受奖学金与否会造成不同的影响吗？"她意识到并不会。"你身边的人，会是那些当你实现未来愿景时和你共事的人吗？"她回答："不是。""那么你认为应该选择什么道路？"答案就是投资基金会。

格雷丝注册了一个 Twitter 账号和一个博客，用以追踪未来医学前沿领域的消息与人物。现在答案很清楚：她需要在所有她想要取得联系的人物和公司面前露个面，由此她需要执行第二个步骤。

第二步：制订你的标准

- 不要让研究、分析工作淹没你，不要试图在采取行动之前搜集齐所有的信息，包括第二意见（为证实或修正第一评估而由另一人给出的意见。——译者注）和第三意见。
- 运用你的天赋和人际关系，和你选择的领域内的、身处财富流中的人取得联系，并向他们靠拢。

在制订标准时，节奏型天才要注意不要孤立地自行研究。当格雷丝开始寻找适合的共事对象时，她找到了医疗技术前沿领域的专业人士会定期参加的聚会，例如硅谷的"未来医学"活动和欧洲的研讨会等。

格雷丝需要花一些时间才能进入这些圈子，所以她决定暂时把愿景埋在心底，先从为澳大利亚的外科医生做手术助手开始。她在求职信里清楚地表达了自己的意愿——她希望参与到目前医学界发生的整体转型中，并提供了无可挑剔的、极具竞争力的能力凭证。她表示如果医生能给她提供追求梦想的机会，她愿意和他们一起工作。

澳大利亚有 3 名顶尖外科专家接受了格雷丝的申请。她决定同时兼职这 3 份工作，并对接下来几个月的工作与休假时间进行规划。2013 年时，格雷丝利用一个月的休假时间，前往欧洲和美国参加研讨会，成功结识了业界最顶级的人物。至此，她终于找到并走进了自己的财富流。这让她比原本从事的工作获得了更多且更有活力。现在，是时候采取第三个步骤了。

第三步：追随财富流

- 不要试图独自一人解决所有问题，或是不加选择地抓住所有机会。
- 敏锐判断出你可以为你想要共事的人增添何种价值，追随财富流。

节奏型天才善于把计划转化为行动，这也是在团队合作中，节奏型天才被人喜爱的原因。但他们会因为不知道怎么做或没有时间去做而陷入僵局。因此，节奏型天才需要加入或创建一个团队，然后通过帮助他人赚钱而赚钱。

节奏型天才在团队中的职能是找到更聪明的管理成本的方式，设定节奏并使各项事务保持有序运行。如果他们集中发挥优势，就能有效提高团队效率，进而可以在现有财富流的基础上挖掘出新的支流。

格雷丝在进入财富流之后，找到了对她的研究和社交媒体技能感兴趣的人，然后根据他们的需求定制服务。她和一个支持她的标准的团队取得了联系。

更重要的是，她和能够扩充她的财富流的人士取得了联系。格雷丝很享受这个过程。曾经的梦想照进了现实，只因为节奏型天才格雷丝进入了其他人的财富流，而不再孤军奋战。

火焰型天才：任性一些也无妨

发电机型天才需要增加财富流，节奏型天才需要放慢脚步，火焰型天才需要发光发热。如果火焰型天才在红色层中做到发光发热，就能顺利突围。这就是台北一家意大利餐厅的老板卢西奥·法恩离开红色层时做的事情。

当我刚开始对卢西奥进行指导时，他的理想是在中国台湾开特许经营店，这能让一家盈利商店顺利扩张发展至许多家。但卢西奥的问题是，他现在经营的餐厅还没开始盈利，他需要在发展特许经营店之前，先让第一家店扭亏为盈。“这可不是件容易的事。”卢西奥告诉我。

餐厅运营中，卢西奥承担的工作他不怎么感兴趣：管理财务与店铺运营。火焰型天才不适合书面工作，卢西奥为回避细节性工作找遍了借口，这一方面导致了生意的混乱，另一方面也让他十分挫败沮丧。卢西奥需要踏出的第一步是找到自己的热情所在。

第一步：找到你的热情所在

- 千万不要做这件事：为别的事物分心，不停追逐所有机会。这只会让你被他人想要你做的事情耍得团团转。
- 利用你的行动自由集中解决“谁”的问题，找到你想要与之共事的人，传递你的热情，为他们的财富流增加价值。

对火焰型天才来说，不论他们身处哪个层级，释放热情都不成问题。我问卢西奥，如果让他负责招待客人和潜在合作对象，运用人际关系管理技能支持餐厅的发展，他会感觉如何。他回答道："我很乐意做这些事情，我会很享受这个过程。"

我们决定把卢西奥的关注点放在他的热情上。卢西奥喜欢招待别人，他希望招待大型团体，和他们分享自己了解的意大利历史和文化。因此，我们最终创造出来的愿景是，经营一家永远顾客盈门的意大利餐厅，它要能产出 20% 的利润，具备吸引投资者和特许加盟商的能力，而卢西奥每周会花几个晚上在餐厅里招待客人。为实现这个愿景，卢西奥需要执行更高标准的时间管理规则，并且想清楚合作对象是谁。

第二步：制订标准

- 不要过于分散精力，那样就无法提高标准并集中时间完成任务，最终你会感到无所适从。
- 运用你的火焰型天赋，和那些与你拥有相同热情的人接触，并且理解他们与人交往和判断成功的标准。那样你（和你的团队）就可以找到向他们传递价值的方法，这样就能将他们与你的财富流相连。

为了实现盈利目标，我们计算了卢西奥需要接待团体、举办主题晚餐的数量，结果是每月 8 场。为了让卢西奥更加享受这个过程，我们把数字转化成了人："如果把每周需要增加的利润转化为增加的客人数量，那将是多少？"接着，我们把关注重点放在了真实的人身上："你想要哪些人坐在那些新增设的座位上？"卢西奥前往意大利领事馆，邀请了领事馆成员和他们的朋友来参加主题晚餐。他为自己的中国人客人介绍说意大利语的家庭教师，并为这些客人提供特殊的折扣。

火焰型天才想要实现转变，只需做一些非常简单的小事。他们热爱说话和交流，但现在他们需要学会专注地做事情。专注不仅和你做什么有关，也和你不做什么有关。火焰型天才常因各种事情分心，他们需要学会说一个简单的词：不。后来，卢西奥不再管理财务，而是雇用了一名会计。

第三步：追随财富流

- 不要把注意力放在那些嚷嚷得最大声的人身上，不要与他们共事，不要迎合他们的需求，不要为他们提供支持。
- 留意那些支持你的事业、和你拥有相同目标、并且懂得通过你来扩充他们的财富流的人，他们可以帮助你实现目标。

火焰型天才常常会帮助了很多人却得不到任何回报。因为他们喜欢被人喜欢的感觉,他们很难忽略身边人的需求。卢西奥遇到的情况是，人们常会要求他提供优惠。相比提供固定的菜单，卢西奥更倾向于为不同的客人提供不同的菜单，这给餐厅带来了不必要的负担。

现在，为了实现双赢，卢西奥特别推出了团体套餐，这样，虽然客人的选择会受到一定的限制，但餐厅依然会提供最棒的食物和服务。卢西奥还为希望享受特价的顾客，制订了价格更低的周日早午套餐。套餐刚一推出，接下来几周的预约就立刻排满了。

卢西奥成功地让身边的人为他的计划服务，而不是相反。现在，卢西奥每天都劲头十足。不再被别的事物分心之后，卢西奥让现金流转负为正，并满怀期待地从红色层攀升到了更高级的橘色层。

在我们实施计划 5 个月之后，卢西奥为我和餐厅的 12 位朋友举办了一场主题晚餐，卢西奥欣喜地告诉我，他的愿景成真了。我在祝贺他的同时告诉他，是时候开办特许加盟店了。他靠过来对我悄悄说道：

“非常感谢你。已经有人联系我们谈这件事了。但我要等现在的情况稳定一段时间之后，再考虑扩大发展的事情！”

钢铁型天才：你的分析能力是一切的开端

火焰型天才需要发光发热，钢铁型天才则需要了解。进入财富流对于钢铁型天才来说比较难，因为他们不像火焰型天才那样，每天都会外出社交。珍妮特·约翰逊是一位钢铁型天才,她一直从事会计工作。我和珍妮特初次见面的时候，她已经在红色层挣扎了多年，她快要筋疲力尽了。被公司辞退后，珍妮特凭借专业的会计技能，组建了自己的团队，并接下了一项政府项目。珍妮特的生活还不错，但她感觉自己陷入了困境，因为她只拥有一种技能。“除了会计工作，我什么都不会。”她告诉我。

工作占据了珍妮特大量时间。她想要更多的个人时间，但不知道该怎么做。她想兼职做点什么，以补贴家用。孩子在长大，账单也越来越厚。我告诉珍妮特，别再花心思找其他出路了，努力挖掘自己的天赋吧。钢铁型天才擅长为身处财富流中的人节约时间和成本，以赚取财富。

“相信我，”我对她说，“那些无法管理好自己财富流的人，会非常看重你的天赋。”但是，珍妮特在找到这些人之前，需要首先跳出电子表格，找到自己的热情所在。钢铁型天才可能会在他们热爱的数字里迷失自己。

第一步：找到你的热情所在

- 不要过度思考和分析，那并不能帮你找到答案，也不要单纯依靠研究和度量指标决定自己的行动方向。

◆ 找到你热爱领域中已经身处财富流，并且已经获得成功的个人与公司，记录下它们。

当我问珍妮特她最喜欢自己工作的哪一点时，她回答道："确保客户找到各自适合的方式让我很高兴。我喜欢看到他们用我提供的建议去存钱并增加收益。"我问她最喜欢哪一类客户。她回答道："学校。"

事实也证明，珍妮特后来创办的公司是她所在学区内最大的审计服务供应商，超过 60% 的学校会采纳她的建议。之所以会这样，是因为很多为学校提供审计服务的项目组都被解散了，学校必须把审计工作外包给私营公司。

失业之后，珍妮特逐个拜访了那些合作过的学校，询问他们是否愿意继续把学校的审计工作交给她。所有学校都给出了肯定的回答。于是，珍妮特创办了自己的公司，开始了独立经营之路，但目前，她的现金流依然为零。

原因是，珍妮特没有超越数字去考虑问题。如果她把对学校产生影响作为目标，并积极扩大影响力，就有可能突围。

第二步：制订标准

◆ 下决定时不要拖延，坚持与之前相同的行为模式，但锁定新的目标。

◆ 运用你的天赋和行动自由，与你最有热情为之服务的人打交道，学习如何成为他们那样的杰出人士，并为他们提供超越期待的价值。

相对于提高标准，钢铁型天才更需要降低标准才能找到共事者，因为他们通常会给自己设定非常高的标准，以至于几乎没有提高的空间。对于珍妮特，目前她为客户提供的只有审计服务，她需要了解还可以提供哪些服务。珍妮特一定可以找到学校的其他需求，通过满足这些需求获得更多收益。

为了制订正确的标准，珍妮特首先需要找出学校可能想要获得的服务。她可以只承接学校业务吗？答案是可以。于是她开始梳理可以与学校合作的全部业务，而非仅仅专注于会计业务。她列出了和公司业务关系良好的学校名单，然后依次拜访，具体了解对方的需求：需要成本控制培训吗？需要有关购买 IT 设备的建议吗？需要调整教师工工资吗？要回答这些问题，就需要开始第 3 步。

第三步：追随财富流

- 不要试图仅仅把原来的事情做得更好更高效来增加财富流。
- 运用分析能力去学习如何充分发挥钢铁型天赋，并将其应用在拥有更大财富流以及更高价值的领域，为身处财富流、且信任你能力的人服务。

在找出了可能扩展的业务类型之后，珍妮特调查了业务区域内的所有学校，介绍了所有她可以提供的服务。结果表明，这些学校需要获得协助的远不止会计业务，还需要在添置新设备方面获得指导，想更高效地管理教师工资和教师团队，希望有人帮他们选择正确的教育技术。虽然有诸多需求，但学校又不可能在每个领域都配备一位专家，他们只需要一个值得信任的人在必要的时候提供一些好建议。

珍妮特知道，在为这些学校提供会计服务多年之后，自己已经被完全信任。她把公司改名为教育金融解决方案供应商，并为学校提供有关账户审计准备的培训课程。为了更充分高效地利用时间，珍妮特还建议学校进行网络授课以节约资金，并进一步帮助学校执行落地。

珍妮特提供的服务包括：评估预测教师编制、完善拨款申请程序、招聘咨询以及培训新老教职工。珍妮特通过培训业务创造的现金流远远超过会计业务。于是，她组建了一个更大的团队，聘请了该行业的专家。

如今，她的收入是过去十年总收入的好几倍。实现这一切，珍妮特所做的其实只是追随着财富流前进。在这个过程中，她找到了为客户传递更多价值的方法以及扩展业务的窍门。现在，珍妮特已经身处黄色层，正在向绿色层进发。

创业新思路：超人不拯救世界时在干什么？

身处红色层时，我们常会从书籍或电视节目中获得如下启示：我们需要坚持下去，直到获得胜利；坚持的过程中，我们需要承担很大的风险；当你深陷职场泥沼，“放弃”将是你做出的最糟糕的选择。

你放弃那份工作的原因可能是它的薪酬不高，或者你不喜欢它，或者你仅仅被未知的新机会吸引而已。但是，如果你听从某本书或某位专家的建议而辞掉工作，同时又没有任何现金流填补工资的空缺，那么你会立刻落入红外层。即使你有足够的存款，你也已经犯下了不可修正的错误。

我不希望你逃避工作或选择辞职。我希望你可以找到喜欢的，并且和你的天赋以及目前所处状况相匹配的工作，然后一直坚持下去。

你或许会对我的建议感到惊讶。你可能会想：我之所以这么说，是因为我即将选择的道路（成为一名企业家，经营一家企业）比给人打工要强；你可能以为，我会赞同那些书上所说的“经营一家企业所产生的价值比拥有一份工作更高”。不，我不这样认为。说经营一家企业比拥有一份工作更好，就像是在说拥有一辆公共汽车比拥有一辆小轿车更好。实际上，这一点成立与否取决于你设定了什么样的目标。

有时，我们最适合做的事情就是为其他人工作，当然，前提是我们能够在这份工作中发挥自己的天赋，并且可以借此向上攀升。

前面我讲述过的所有故事都揭示了一条真理：每个人，包括百万富翁和亿万富翁，都需要为他人做事。而其中的区别在于，你是否可以在工作中发挥自己的天赋。可以充分发挥天赋的工作将不仅仅是一份工作。

有太多身处红色层的人急不可待地创办了企业。他们想要成为超人，所以放弃了自己“普通人”的身份。在他们眼中，人生似乎只有两种选择，要么一直做超人，要么永远当普通人。但实际上，两者可以互通有无，相互学习，只是我们需要付出相应的代价罢了。世界上最成功的财富创造者都明白，即便是超人，有时候也需要回归普通人的身份。

沃伦·巴菲特是世界上最富有的人之一，他是一名节奏型天才。巴菲特在投资事业刚起步时，曾为价值投资者本杰明·格雷厄姆工作。当时，巴菲特没有把资金投入股票市场，然后期盼着大赚一笔，而是选择为格雷厄姆服务，并在累积了足够多的经验、创造了优良的信用和交易记录、吸引到投资和支持之后，才开始逐步迈向成功之路。

请牢记,超人拯救世界赚不到一毛钱。他必须花时间完成新闻报道、履行记者职责，让会让老板给他发薪水，才有钱买紧身衣和斗篷。你在红色层时也需要问问自己，每周最少需要花多少时间踏实工作，才能换来剩下的“超人时间”。

我的方法是把经营公司的时间压缩到了每周两天，这样，每周我就有 3 天时间寻找新机会。格雷丝用外科医生助手的工作换来了参加全球会议的机会,一个月的“普通人时间”换来了一个月的“超人时间”。卢西奥和珍妮特把“普通人时间”成功压缩到了每周一天，因此可以用剩下的四天来追求新目标。

当我们追求愿景时，需要继续从事一份“普通人”工作，才能避免落入红外层。所以，不要听信诸如“失败者才会为别人工作”的言论，尤其是如果你的工作刚好可以发挥你的自然天赋的时候。即便你讨厌自己的工作，那也一定有比辞职创办新公司更好的选择，尤其是当你创办公司的初衷仅仅是“看起来可以挣大钱”的时候。

如果你身处红色层，且已经靠现在的工作赚到了足够多的钱，那么，接下来你就需要继续从事这份工作，并善加利用你的“超人时间”，经营一份既能发挥天赋，又能引领你走进财富流的事业。这样，你就能避免因为失业而恐慌，或者再次落入红外层；这样，你就可以过上充实又美满的生活了。

一旦“超人时间”创造的收入超过“普通人时间”创造的收入，你就可以雇用别人帮你分担“普通人工作”了，或者干脆辞职，一门心思地经营自己的事业。根据你的现金流目标，你可以大概测算出应该什么时候全身心投入“超人事业”，可能是 3 个月后，也可能是 6 个月后。如果你雇用的员工足够聪明伶俐，你可能会发现，在你和他们分享愿景之后，他们会让你有更多自由时间，这样你就可以更积极、更高效地为公司、为他们付出。而这一切的前提就是，你必须读懂财富流。

财富语言：需求式表达 vs 机会式表达

走出红色层的第三个步骤是追随财富流，而不是追随你的财富流。如果你挨着河岸挖出一个缺口，最终你将创造一条新河。实际上，当河水流出缺口，沿着新河道流动时，它会自行冲出整条新河道，根本不需要继续挖掘。问题在于，有太多人认为，要想创造财富流，他们需要不断挖掘。重要的不是挖掘，而是从哪里开始挖。如果你选址于沙漠，你就不会创造一条河，最多挖出一个干涸的洞。

在不了解财富流是什么，且未找到财富流的位置的情况下创业，就像在沙漠里挖洞。不要这样！我不希望你辞职去找另一份工作。大部分人找工作时都会遇到这样的挑战：找不到工作。在就业市场，你不仅需要和他人展开竞争，还只能获得那种雇主认为他需要的工作。

前文我提到的所有处于红色层的人，都选择为他们想要共事的人工作，或是和这样的人一起创造出一份工作，而不是在就业市场大海捞针。要想创造财富，你不该寻找工作，而是创造工作：创造财富就是创造工作。不是钱在赚钱，而是人在赚钱。所以，能帮你赚钱的一定是其他人。

为了找到那个会为你带来财富流的人，你需要运用“财富语”。财富语就是机会，它和我们在学校里学习的语言相反。

和陈宝春先生见面时，我没有说“我需要一份工作”或是“我需要更多的钱”，而是问他：“如果我能找来更多人参加汤姆·霍普金斯的研讨会，是否能给他帮上一点忙？”这就是“需求式表述”（这是我需要的）和“机会式表述”（这是我可以提供的）的区别。

我们在学校里学习的是需求式语言。如果需要上厕所，我们就会举手请求。如果不理解某个问题，我们就会请老师解释。在人生中，如果缺少资金，我们就会去银行申请贷款。同样地，如果需要一份工作，我们会说：“我可以得到一份工作吗？”

这些全部都是在表达需求，要求得到目前尚未拥有但想拥有的东西。结果就是，可以满足我们需求的人成了主导者，而不是我们自己。每当我们提出一个需求，就相当于提醒自己（和其他人）我们还缺少些什么，并且把自己改变现状的力量弃之不用。

身处较高财富层级的人都知道，他们的能力是把自己最大的需求，变成他人最大的机会。你的每个需求都是他人的机遇。你可以向持有资金的人说“我需要钱”，但也可以说：“我这儿有个投资机会，或许可以帮你获得高额回报，你有兴趣吗？”相比较“我需要一份工作”，你也可以像珍妮特那样说：“你面对的现有问题中，有哪些是我可以帮上忙的？”请相信：每个人、每家企业都在被难题困扰，他们一直在寻找能够提供解决方案的人（而非问题制造者）。他们是想销售更多产品，想变得更加高效，还是想提供更好的服务？

每一个有时间但没资金的人，都可以找到有资金但没时间的共事者。时间就是你最宝贵的资产，你和所有人一样，每天都拥有 24 小时。明确这一点，然后合理安排自己的时间。相比自己的需求，集中精力满足那些你想要与之共事的人的需求。通过满足他们的需求，你可以把自己的工作转变为他们的机遇，这样就相当于创造出一份既能发挥你的天赋，又能和他们的财富流相连接的工作。

当你把自己的所有要求都转变成机会后，就为自己赢得了一张攀升至财富金字塔事业层的门票。因为所有的企业使用的都是“机会式表述”。他们不会告诉你“我们需要你购买我们的产品和服务，这样我们才能支付办公楼的租金”，他们只会借助产品和服务满足你的需求。他们不会说“我们需要你的帮助”，他们只提供工作机会。

“机会式表述”还能产生一种“需求式表述”无法产生的连锁效应。当你说出自己的需求时，很少有人愿意帮你传播；而当你提供一个好机会时，人们则会和可能从这个机会中获得收益的人分享它。人们喜欢向身边的人传递好消息（或介绍好人）。

当你把需求转变为机会，就相当于从匮乏的世界，进入资源极其丰富的世界。在资源丰富的世界，你或许仍然不能获得所有东西，但你可以给予的东西却宽广无限。

准备好继续向上攀登了吗？是时候利用你的行动自由寻找好机会、追随财富流了。以下行动要点将帮助你把需求转变成机会，并将其呈现给你希望与之共事的人。请记住，创造工作，而非寻找工作。

上位前检查清单：橘色层

离开红色层的步骤是为了维持你的生计，扩充你的财富流并提升你的标准。我们创造的财富和做出的贡献到达一定水平后常会停滞不前，而执行这些步骤可以确保你不原地踏步。现在就填写下面这份清单吧。你勾选“是”的概率有多高？当你勾选了 9 个“是”的时候，就表明你已经把热情和目标融入前进的航线了。

找到你的热情所在

1. 我对某些活动、人和事充满热情，它们能点燃我的激情。

□是　□否

2. 我已经列出了所有和我有联系、已经身处财富流中的、和我拥有相同热情的企业和个人。

□是　□否

3. 我确定，我已经制订了节奏，并且选择好了能让我坚持从事热情所在的事业和目标的共事者。

□是　□否

制订标准

1. 我制作了一份表单，上面有我为自己制订的新标准以及已经被更新替换的旧标准。

□是　□否

2. 我已经找到和我标准相同的人，并且确保自己会跟他们在一起。

□是　□否

3. 我确定，我已经创造出一种适合我的经历与天赋、能令我身处在我的“流”中的生活。

□是　□否

追随财富流

1. 我正在为身处财富流中的企业和个人工作，边学习边获得正向现金流，且已经和他们建立了联系。

□是 □否

2. 我花时间和自己所选择领域内的人与机会建立联系，以此增加财富流。

□是 □否

3. 我正在量化自己在知识以及人际资源方面取得的进步，并且规划了清晰的传递价值的路线。

□是 □否

本章概要

1. 身处红色层的人赚到的钱只够自己生存。
2. 百万富翁十步走策略：如果你每月能结余 100 美元，将这个数字翻番 10 次，你就能每月结余 100 万美元。这是你攀登财富金字塔时需要借助的阶梯。
3. 从红色层幸存者上升至橘色层劳动者，你需要执行 3 个步骤，把自己的热情与天赋和市场中的财富流相连接。每种天才都有相应的攀登道路，以及成功和失败的方法。这 3 个步骤是：
    - 找到你的热情所在
    - 制订标准
    - 追随财富流
4. 分配你的“普通人时间”和“超人时间”：规划你正在做的赚钱维持生计的事情和为了上升到橘色层、为了和市场及未来财富流建立连接而需要做的事情。
5. 学习财富流语言并创造机会：你的需求就是其他人的机遇。当你把自己的需求转变成机会，你就可以为自己创造一份工作，而无需再四处寻觅。

行动要点

追随财富流的 5 个步骤

如果你一直以来都被动地为人打工，或是完全不理解人们需要什么，也不知道你如何运用自己的天赋为他人创造好处，你可能已经习惯了这种方式：不去管别人的需求，也不自己想办法解决，而是仅仅听令办事。最终，一直等待着别人的救生索的你，就会被困在工作里，甚至失业。

所有成功的企业家或投资者，在遭遇生意失败后，都能东山再起，因为他们掌握着了解他人需求并提供解决方案的能力。他们知道这种能力是人类迄今为止最佳的工作保障。

这本书里的故事主人公都被问过这 5 个问题。借助问题的答案，他们得以和那些已经身处财富流中的人建立联系。

问题 1：你即将创造的工作需要满足什么条件？

你已经确定了愿景和前进的航线，所以已经知道还需要多赚多少钱才能攀升到橘色层。你可以用每周的“超人时间”逐步接近这个目标。计算出你应该在“超人时间”里具体赚多少钱。

现在，审视一下你的天赋、掌握的技能以及过往的经验，列出你想创造的工作需要满足的条件。你要有信心为那些你即将建立联系的人增加价值。你会干劲十足、信心满满地去做的事情是什么？希望以下建议能为你打开思路：

发电机型天才为企业增加收益的方法包括：开发新产品或服务；进入市场营销部门；为现有的产品带来新顾客；承担策划工作，为效能最高的生产者留出时间；举办创新营销活动，让消费者为你免费进行二次宣传。

火焰型天才为企业增加收益的方法包括：进入市场营销部门；在活动或会议上和大众分享信息，招待新客户；给现有客户打电话，了解他们的需求；与那些能通过人际网络或产品增加价值的人建立伙伴关系。

节奏型天才为企业增加收益的方法包括：组织协调效能最高的生产者，进一步提高他们的工作效率；节约经营成本；进行价格测试，了解消费者真正愿意支付的价格；提高服务水平，赢得更多订单，鼓励客户为你免费进行二次宣传。

钢铁型天才为企业增加收益的方法包括：分析数据，寻找节约成本的方法；调整系统，增加现金储备；引入自动化管理技术，提高效能，节约成本；为效能最高的生产者提供分析资料与数据，这样他们就能集中精力在具有最高价值的活动和客户身上；建立网络销售、更新、服务与沟通系统。

问题 2：在这条道路上，和谁一起共事你最有热情？

根据你的愿景，你将会认识什么样的人？你对哪个行业拥有最大的热情？最喜欢服务哪个市场？你想和这个行业里的哪些领导者一起工作，并向他们学习？列出你的答案，总数不低于 10 个。你可以展开调查，并问问周围的人。你的每个交谈对象都会认识一些你不认识的人。不要假定你已经认识所有人，请保持心态开放。

请牢记：你不仅要寻找最优秀的人。你是在寻找能建立信任关系的人。这些人可以是你的熟人，也可以是朋友的熟人。确保你列出的每个人和每家企业都身处财富流中，并且有机会赚到更多钱。完成之后，找出最具有价值的前 3 个人或 3 家企业，集中精力和他们建立关系。准备随时替换掉那些关系已经不再有所进展的人或企业，但要相信你努力经营的这些关系可以为你创造出理想的工作。问题不在于理想的工作是否会产生，而在于何时产生。

问题 3：你可以满足他们的哪些需求？

审视一下你列出的最重要的 3 个人或企业正在提供什么产品或服务。他们可能已经和其他人建立了良好的合作关系。找出他们最大的问题、发展契机、需求以及和你制订的标准之间的联系。

如果你已经和决策制订者（那些负责增加收益或利润的人，不一定是企业创始人或 CEO）建立了联系，那就太好了。和那些人见面，并且告诉他们，你喜欢他们正在从事的事业，决心要为他们提供支持，而且非常愿意用实际行动证明这一点。问问他们想要什么，他们面临的最大挑战是什么，以及他们想在一年之后达到什么样的状态。

先不要尝试给出解决方案，你现在要做的只是倾听。接着，和企业里的其他人建立联系，比如合伙人或决策制订者的秘书（通常是助理或项目主管），列出你可以帮助改进的至少 3 个方面，计算出你能在这些方面带来多少额外收益。

问题 4：你要如何运用自己的天赋为他们增加财富流？

现在，你已经知道如何为一家企业创造价值。这不能一蹴而就，但如果有了团队的帮助，你也不会花费太长时间。是时候把计划付诸实施了。

根据收到的反馈，你可以继续缩小选择范围，锁定其中一家公司，然后集中精力完成这场实验了。你要有心理准备，因为你可能不会获得任何回报，只是为了证明自己。如果你可以为公司创造价值，那么你就可以为自己创造工作。

你的实验最好为期一个月。在这一个月里，你可以取得什么成果？你的目标是帮他们赚多少钱？或者为决策制订者节约多少时间？是否能建立一套新系统？

第一步是让人们知道你决心要为他们提供服务。第二步是向他们提出你的项目。坦诚地告诉他们，在谈报酬之前，你会先证明自己，但也要说明，你势必要赚到更充足的现金流。如果你成功了，确实赚了到你所需的现金流，你需要先为他们赚多少钱？如果你帮助他们实现了目标，那他们也会帮你达成愿景。

几周之内，最多几个月之内，坚持这两个步骤的人就会创造出一份工作，通常这份工作都是公司为他们量身定制的。

问题 5：你和你为之服务的企业，要如何从你们的合作中获益？

那些能为公司带来新业务、提高利润的人都会得到公司的报酬。某些互联网企业甚至会把高达 70% 的收益，分给那些帮他们增加收益的附属机构；服务类企业也可能分出 50% 的收益给合作者；制造类企业则会分出 5%～20%的收益；以资产为基础的房地产企业分出的比例则少得多。

通过交谈与调查，你可以了解企业与合伙人通常是如何分配利润的。你需要和企业就这些基本问题达成一致：你需要做些什么？这将会为企业带来什么益处？你成功之后合作关系会如何发展？是获得一笔报酬，建立更加长期的合作关系，还是获得一份正式的工作？

所以，你还在等什么？充分利用你的“普通人时间”，保证自己拥有正向的现金流之后，凭借这 5 个问题，创造一份能让你进入财富流的工作吧。

第5章

如何上位到黄色层？
锁定最适合你的利基市场

你遇到挣钱少的困难了？试试更换你的客户或者合作者。你遇到时间不够用的问题了？试试与人合作，然后彼此撬动对方的价值杠杆。看起来很简单？但这里面有个诀窍——拥有不同财富优势的天才，其价值杠杆各有特色，你最好找到你的黄金搭档。

橘色层人群画像

判断标准：拥有他人控制下的正向现金流

情感：依赖；顺从

停留在这里的代价：无名；害怕；失望

需要关注：身份和独立

我要如何到达这里？教育；心态；调节

我要如何攀升？确认你的身份；掌握你的市场；把你的重要时刻兑换成现金

欢迎来到橘色层！这里有更开阔的视野，会让你看得更加清晰：你会发现目前的生活状态比红色层“勉强维持”的状态更好。因为现在你身处正向的现金流中，并且具有了方向感。即使你并不喜欢自己那份收入颇丰的工作，但收入不错至少表明你在前进，并且状态往往比那些轻易辞职而退回到红色层或红外层的人要更好。随着他人常对你的出色表现给予认可，你的自我认同感会变得更加强烈。

但是，你并不独立，仍然依靠“他人”生活。或许你有一份工作，但你还没有看清自己在市场中的身份；或许你拥有一家企业，但你的公司不够独特，不能对他人产生致命吸引力，因此公司的发展极其缓慢，你依然需要筹集资金；或许你投资亏损，所以你必须依靠现有的工作或者目前经营的企业，才能维持眼下的生活；或许你刚从红色层攀升到橘色层（如果真是这样，恭喜你！）。我猜对你来说，现在最想知道的就是：如何才能掌控市场、增加收入，并且让财源滚滚。

当你处于橘色层时，不论情况如何，你都需要努力地工作。一方面，与处在红色层时的情况相比，你能够持续获得额外的现金流，所以你不会像原先那样焦虑；另一方面，工作日期间你一直在发展壮大企业，所以当周末到来时，你会如释重负。

曾经，橘色层中的劳动者完全有能力让自己过得更好。我们的祖父辈或父辈，终其一生为一家公司服务，等到退休的时候，就能存够养老的钱。然而，如今这个世界变化万千，如果像祖父辈或父辈那样生活，就无法保证生活不受影响。只有事先做好人生规划，并且从橘色层的依赖状态转换到黄色层的独立状态，你才能拥有真正的安全感。到那时，你已经拥有自己的船，可以带你到任何你想去的地方，再也不需要担心因搭乘他人的船而随时可能会沉入大海。

当身处黄色层时，与橘色层相比，你的感觉会非常不同。在黄色层时，你会通过寻找机会、建立关系、制作产品、提供服务的方式赚钱，而不是像以前一样用时间来交换金钱。你再也不需要追逐财富流，你会集中精力关注一个利基市场（指那些被市场中的统治者或有绝对优势的企业忽略的某些细分市场或者小众市场，可集中力量进入并成为领先者，同时建立各种壁垒，逐渐形成持久的竞争优势。——译者注）和市场中的消费者、合伙人与员工。这时，业务会不请自来，因为你在市场中的地位会吸引到各种机会。在这样的时刻，赚钱对于你来说，已经不是难题，而且你也真正地参与了市场的运作。

怎样才能做到这些？在你遵循着适合自己天赋的道路，离开橘色层的 3 个步骤之前，让我先告诉你一个秘密，走到橘色层的你一定可以理解它：所有系统的财富流都是由两个要素组成：项目和流程。从个人财务到大型公司财务，甚至到整个经济体，都是这样。

如何预测财富流向，复制淘金经验

项目可以增加财富流，就像新建的公路。对于发电机型天才和火焰型天才来说，他们更喜欢项目，愿意为财富流创建新型产品和缔结全新关系。但问题在于，大多数人在尝试创建新项目（赚外快、换工作或是创办新公司）后，会发现自己根本没有足够的时间和金钱来维持它。或许，我们开启的新项目早已人满为患；或许，这条新创的道路根本走不通。我曾见过许多人花费大量的时间写书或者创建网站，但事实上，这些项目根本无法帮助他们创造财富流或者赚取钱财。

流程可以维持财富流，就像与其他道路相连的某条道路。未及时清理的障碍物或者路面断裂都可能会导致交通问题，比如交通堵塞。与此类似，如果我们的资金流遇到了各种问题，也会出现财务困境。对于节奏掌控型天才和钢铁意志型天才来说，他们更喜欢能够推进、恢复、维持与提升财富流的流程。但问题是，大部分人会困在自己的流程中，把时间和精力用在指挥“交通”上，而非外包财富流的管理工作或者让它自然运行。如果选择后者，我们就可以离开“道路”，以集中精力完善系统。

当身处财富基层时，我们参与的是他人的项目和流程。作为消费者或工作者，我们把时间或金钱注入到他们的管道系统中；当我们身处财富事业层时，作为创造者和雇主，我们会通过向全球管道系统增加价值或维持其正常运行的方式来获得回报。

要想攀升到黄色层和财富事业层，你需要了解自己所投入的项目是什么，并且要对此项目进行划分。你要区分出流程中哪些部分可以外包，哪些部分可以自动化处理。做好这件事情的诀窍就是，把项目变成盈利项目。

我把这些盈利项目称为“升级项目”或者“竞选活动”(Campaigns，有“战役”的意思。——译者注)，但其实大家讲的是同一个意思：能创造新财富流，学到新东西和赚更多钱。根据以往的经验和可靠的预测，你会创建出一条道路，它既有起点也有终点。当你启程时，你会在沿路放置一些里程碑，那样你就会知道自己到底想要实现什么样的价值，以及何时想要实现它。根据你所处的等级，升级项目可能会创造 100 美元，也可能创造 1 000 美元或者更多。然后，你会借此机会找到自己心仪的工作，创建有发展前景的企业，进行正确的投资，缔结新的合作关系等。现在，你还不需要回答“谁”和“如何”的问题。你只需要回答：我的目标是什么？我想要逐步达到的里程碑是什么？什么时候才能完成它？本章末尾的“行动要点”能够帮助你设计出自己的“升级项目”。

一旦了解了升级项目的结构，你将会看到各行各业（零售、出版、旅游、演讲、培训、新科技、网络营销、房地产、金融市场、金融服务等）的财富创造者是如何经营他们的事业的。通常情况下，他们会利用最适合本行业的升级模型来获得财富与提升。在此之前，他们会对某种假设的升级模型进行测试，在检验结束后，他们会和别人分享最佳方法。对于不成功者来说，他们往往只经营一种业务并忙于工作，无暇与他人分享，且期望这种做法获得最好的结果。

当了解到如何运用天赋来创造一个升级项目之后，你就可以获得比原先更多的现金流。我的第一本杂志出版，第一场活动出行，第一次购买与出售房子，第一次创办与出售企业……这些事件都推动着我一步一步地赚到我想要的财富，同时也吸引了我需要的资源和合作伙伴，并且充当了测试与评判升级活动的结果的角色。

最重要的是，当越来越擅长预测和复制升级项目的结果时，我们完全有能力吸引到一些从黄色层攀升到绿色层再攀升到蓝色层过程中所需要的高水准合作伙伴。在开始向上攀登之前，你需要确保自己理解了“零的魔力”与“财富等式”和升级项目之间的关系。同时，你需要明白这二者和第 4 章中提到的“百万富翁十步走”策略之间的关系。

为你的目标资产多加一个零

我是如何登上通往百万富翁之路的 10 级台阶的？你又将如何做？是每月将净现金流从 1 600 美元提升到 3 200 美元或者 6 400 美元甚至更多吗？我的答案是通过零的魔力。现在，思考你心中的巨款。在我 22 岁时，导师对我提出了一个挑战，他让我每月多赚 100 美元，我认为那很容易办到。可是，当他告诉我，我可以每月多赚 100 000 美元时，我觉得他疯了。所以，现在你认为让财富增加几个零是难以办到的事情？10 美元，100 美元，1 000 美元，10 000 美元，还是更多？或者明天你的银行账户里减少了多少钱，你才会留意到？

7 岁时，我每周都会得到 50 美分零花钱。如果当时把零花钱存起来，我就可以给自己买一辆自行车，就像我的朋友保罗在他过生日时收到的那辆一样。我没有计算需要存几个月或几年，只是记住需要存钱。1 个月后，我就存了 1 美元；5 个月后，我存了 10 美元。然而，在搬家时，我把存钱罐弄丢了。我失去了所有的钱。这件事令我伤心极了。那时候，10 美元对于我的价值就类似于现在的 100 万美元。

十几年后，我进入剑桥大学读书。在求学期间，我创办了第一家公司。当时，对于处在红色层的我来说，10 美元已经不再是一笔巨款，但 100 美元是。所以抵达红色层之后，我不会为错过一个赚 10 美元的机会而可惜，但 100 美元会令我心动，我会采取实际行动抓住它。从那时开始，每往财富金字塔攀升了一个层级，我眼中的巨款就会增加一个零。

在抵达橘色层时，我不会为错过一个赚 100 美元的机会而可惜，因为我的现金流数额比它大得多。当时，对于我来说，抓住一个赚 1 000 美元的机会要承担风险。而当我攀升到黄色层时，虽然 1 万美元的现金流动对我来说已经司空见惯（我已经在日常的团队运作中，习惯以万为单位的现金流动），但运行 100 000 美元的项目对我而言依然存在一定的风险。

简单地说，在攀升财富金字塔的过程中，我自然而然地获得了在更高层级进行更大现金交易的权利。通过为升级项目增加一个零（即为能够实现的目标增加一个零），我解开了一个新密码，或者说是一种新语言。我们都需要运用这种语言，以便在接下来的层级攀升中清晰地聆听与流畅地诉说。

随着在财富金字塔上不断攀升，我完成一个盈利项目所需的时间也在发生变化。当从红色层攀升到橘色层时，我完成任务的时间是一周；当身处黄色层时，我完成升级项目所需要的时间会延长 1 ~ 3 个月（例如我的出版物和活动）；当身处绿色层时，我完成任务的时间会延长到 1 年。如今，当身处蓝色层时，我完成升级项目的时间是 3 ~ 5 年。我的升级项目中包括创办与出售公司、房产或其他资产。

当逐个层级向上攀升时，设计一个规模与交付期限合适的升级项目，你可以把原本困难的事情变得容易。你也可以选择适合自己节奏的升级项目。许多人在未成功实现 1 000 美元升级项目时，就以 10 000 美元为目标而努力。如果他们把目标定得过高，就注定会失败。

为了实现财富基层的升级项目，你要安排好自己的时间，同时运用天赋，设法和其他人的财富流建立联系。黄色层的升级项目金额庞大，因为你正在发掘新的财富流：设计一种新产品，建立新的合作关系，或是进入一个新市场。但是，在我们了解各种类型的天才是如何在财富事业层站稳脚跟之前，你还需要在工具箱里增加最后一样法宝，那也是我在完成第一个升级项目时学到的法宝：财富等式。

财富 = 价值 × 杠杆率

我读完大一时 18 岁。那时，我的朋友们计划假期去希腊旅行，如果想加入他们，我需要 800 美元的旅行费，但当时的我并没有这么多钱。同时，教务长也告诉我，除非在建筑组合课程上多用功，否则我很可能会不及格。除此之外，我还想参加学期末的赛艇训练营。如果我要打工赚钱，怎还会有时间用功学习？如果我要参加赛艇训练营，怎还会有时间打工赚钱？

一天晚上，我突然灵光一闪：如果单独地看待这些问题，我只能看到它们之间互相矛盾的一面，但如果将它们综合起来考虑，我面临的难题可能会迎刃而解。我把思路转换为：如何才能在学习建筑组合的同时，赚到 800 美元，并腾出时间参加赛艇训练营？

随后，我制订了一个计划。我把阶段性目标定为用一周的时间赚 400 美元。我的朋友们计划暑假去伦敦打工，他们预计能赚到 400 美元。但如果我能在一周内赚到 400 美元，那么就不需要再找一份工作了。

每天早上，我都会去参加赛艇训练营。在最开始的 3 天，训练结束后，我就会立刻前往剑桥市的旅游景点，它们分别是：国王学院礼拜堂、三一学院前门和圣约翰街。我分别画了 3 幅景点素描图，然后用优质纸张将它们复印若干份，接着又去超市买了几个冷藏袋，把画放在里面。第四天，我找了一个游客较多的景点，把背包放在面前，然后在面前挂一个牌子，上面写道：建筑系学生限量版剑桥风景素描图，每幅 6 美元，两幅 10 美元。在等待顾客时，我开始绘制第 4 幅素描。

等待的过程很漫长，截至中午，我只赚了 40 美元。然后我开始做实验。我对时间进行了划分，以 15 分钟为节点，随后记录自己在什么时候卖出了素描，而什么时候无法卖出。结果我发现，如果一个旅游团体在我的画前停下了脚步，那么所有人都会停下来观看，从而素描也就更容易卖出去；但如果没有人停下来，买卖就不能进行下去。发现这个现象以后，我开始注意那些看上去行程没那么匆忙的旅游团体，尝试着和他们交谈，让他们注意到我的画作。他们停下来以后，人群也停了下来，这让我的销量翻了一倍。

到傍晚时，我发现一个现象，即当我问一个孩子是否愿意看着我画画时，若是他停了下来，那么他的家人也会停下来陪伴他，而且停留的时间往往是普通人的两倍。于是，每个小时我的素描销售额翻了一倍。第一天结束时，我赚到的钱超过了 230 美元。第二天我继续这么做。两天过后，我不仅为建筑作业多画了 5 张素描，而且还赚到了超过 400 美元的钱。我完成了这周的目标！

之后，我非常好奇第二周的情况是否与第一周一样。到第二周周三时，我的销售额基本稳定，每天可以赚 200 美元。这意味着，我可以在一周内赚到希腊之行的全部旅费，而且比在伦敦打工的朋友们赚得更多。但是，我更感兴趣的部分是，观察财富流在我和人们互动时如何移动，以及随着时间的推移它是如何发生变化的。我很想知道是否还有别的方法，能够让在我画素描赚钱的同时又让我的收入翻倍。

后来，我发现真的有方法可以实现收入翻倍。当你实行升级项目，将自己得到的结果和目标进对比时，突破常常会不期而至。在第二周的某天上午 11：00 左右，我重新找了一个景点。我刚刚在街角坐下开始画素描时，一位美国游客和他的妻子停下了脚步，与我开始了交谈。我问他是否想买几幅素描。他看了看我新画的那副素描后对我说："我想要买那一幅。"他看上了我的原作！我笑道："不，这幅我不卖，因为我还需要用它来制作素描副本出售。我需要它。""每样东西都有价格，"他说，"它的价格是多少？"我思考了一下。如果从这幅画的副本可以给我带来的价值上考虑，我可以提升它的定价，告诉他这幅画值几千美元；如果考虑我为这幅画付出 1 个小时的时间，又可以给出另一个定价。这时我突然想到，如果现在就以 200 美元的价格出售它的话，下午我就可以休息了。于是我对他说："它的价格是 200 美元。"

"成交，"他回答道，"但是，你可以在上面签名吗？"当然可以！我在画纸的最下方写上"未完成的原创画作"，并签上我的名字。他付给我 200 美元后就和妻子离开了。

我静静地坐着，看着手里的钱。随后，我看了一眼手表，指针指向 11：15，接下来还有大半天的时间。既然上午就赚到了 200 美元，那么剩下的时间将完全属于我，我可以做任何想做的事情！那么我要做些什么？我看了看空白画板，又看了看眼前的建筑，随后抽出一张空白画纸：我要再画一幅素描。那天傍晚，我已经用这幅新的素描创造了另一股财富流。这幅画的副本卖出 200 美元，再加上那位美国游客付给我的 200 美元，今天我的收入已经翻了一倍，达到了 400 美元。

从那以后，每天我都会先画一幅未完成的原作，签上自己的名字，标价出售，然后再另外画一幅。用这种方法，在我离开希腊的时候，我赚到的钱比想象中要多。当我背着一包现金出现在朋友们面前时，他们都用惊讶的眼光看着我。

你可能会说，这个故事不仅需要艺术技巧和创造力，同时也需要运气和时机。我要前往一个旅游城市，然后要知道怎样才能画出有趣的吸引人的素描画。但是，在过去 30 年里，我在推进每个升级项目的过程中,或多或少都获得过幸运之神的眷顾。当你计划一个升级项目时，你所有的努力都将批向这一目标。在这样的时刻，魔法和幸运随时都有可能降临在你的身上。

曾经，当发现创业过程中的问题时，我决定启动升级项目，为未来播种。最终，我领悟到，真正的成功并不在于我的起点，而是在于我在整个过程中学到了什么，做出了哪些调整，特别是我第一次学到了财富等式。这个等式表明，我们像水管工一样，可以运用自己的天赋有效地引导财富流，而这也正是攀升到黄色层需要运用的基本方法。

财富 = 价值 × 杠杆率

你可以想象一条河：水流会因为高度差异而流动。与此类似的，基于价值交换，金钱也会因为价值差异而流动。人们愿意花 6 美元购买我的素描复制品，这意味着他们认为这幅画的价值大于或等于我的定价。交易结束时，我获得钱，他们买到画。每天，成千上万亿资金都是按这种方式自然地流动（见图 5.1）。

价值控制资金流的速度，代表河的坡度；杠杆率控制资金流的流量，代表河的宽度。通过制作素描画的复制品，我撬动了画作的杠杆：投入

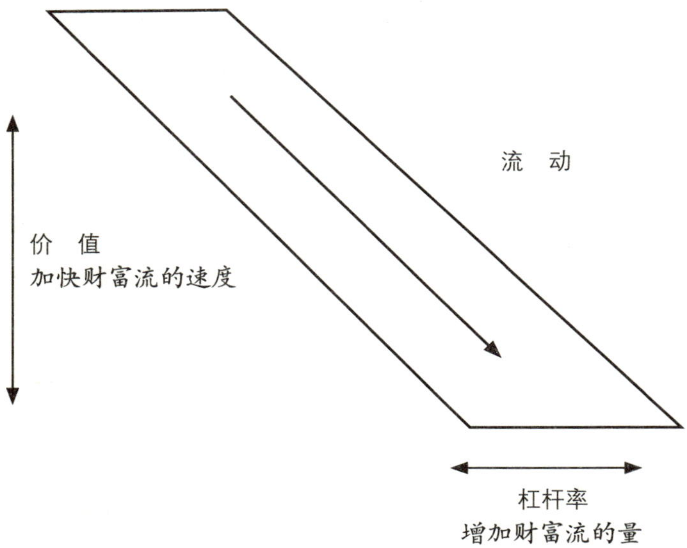

图 5.1　财富流示意图

同样的时间和精力绘制素描，我可以卖 2 幅复制品，也可以卖 100 幅复制品，但潜在的回报更为丰厚。

这就是杠杆策略。当游客购买我未完成的原画时，他从我的付出中看到了比我卖一整天复制品所获得的收益更高的价值。但是，如果我没有在卖原画的同时出售大量素描复制品，他可能并不愿意付这么多钱。这就是杠杆策略为我带来的新价值。

在价值和杠杆策略中，所有伟大的财富创造者会控制并扩大财富流。他们创造价值，然后再撬动杠杆。创造价值就像开车时踩油门，撬动杠杆就像换挡，而且你随时都可以通过创造新价值或增加新杠杆来增加现金流。

我在后文中谈到的所有案例基本都和这个等式有关。案例主人公采取的第一个步骤都是从增加时间转变为增加产品或合作。这一转变将会增长财富事业层中其他人和整个团队的专业知识。这时候你就能支配资产、市场和业务，而它们都能为你增加价值。

现在，你遇到挣钱少的困难吗？有一些方法可以帮你赚到更多的钱，比如变换传递价值的对象或者更换合作者。你遇到时间不够用的问题吗？有一些方法可以帮你，它撬动你的价值杠杆，让你用最少的时间赚到更多的钱，伟大的财富创造者通常会使用这种方法：与人合作，然后互相撬动对方的价值杠杆。看起来很简单吗？不，其实远没有这么容易。

世上存在两对相反的价值和杠杆。然而，我们常常不按常理出牌。尽管拥有某种天赋，我们却常常运用与天赋相反的策略行事。理解这些相反的价值和杠杆对我们非常有用，它会帮助我们思考如何运用天赋在相应的市场中增加价值，并且撬动杠杆（见图 5.2）。

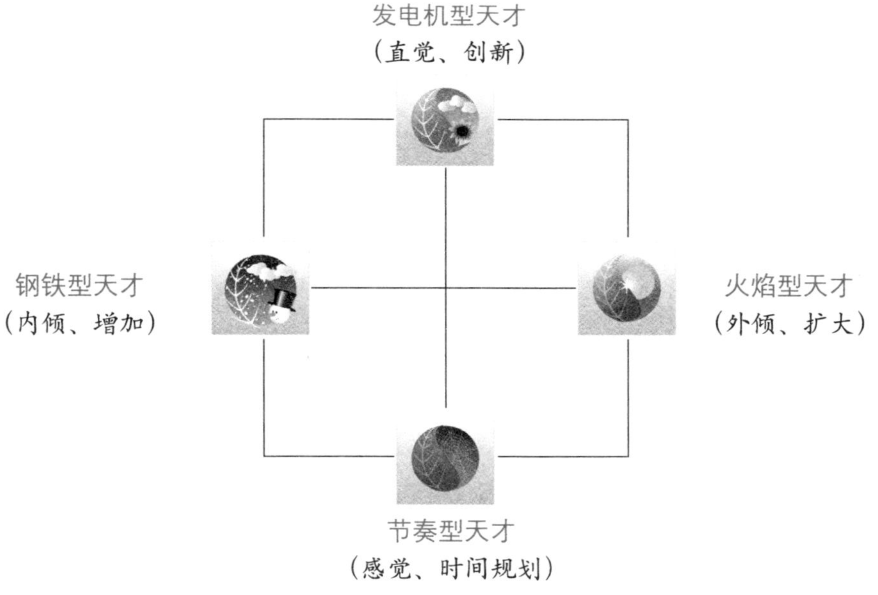

图 5.2　4 种财富优势倾向示意图

我们的动态思维，即思想和感觉创造了价值。价值的两个方面是创新（发电机型天才）和时间规划（节奏型天才）。

> **发电机型天才具有“直觉”动态思维。**他们最擅长通过创新创造价值。发电机型天才会预测未来，推动事情向前发展。不管发电机型天才身处各个财富层级，都会选择创新路径接近财富流。
>
> **节奏型天才具有“感觉”动态思维。**他们最擅长通过时间规划创造价值。节奏型天才知道何时购买，何时出售，何时行动以及何时维持原状。当节奏型天才身处财富金字塔各个层级的时候，都会选择感觉路径接近财富流。

我们的动态行动，即内部行动和外部行动撬动了价值杠杆。价值杠杆的两个方面是增加（钢铁型天才）与扩大（火焰型天才）：

> **钢铁型天才习惯采取“内倾”行动。**他们通过增加来撬动价值杠杆。同时会问一个问题：“如果我不参与这件事，怎么做才能使它照常进行？”钢铁型天才会集中精力关注细节、创造系统，创造自己的财富流，从而在财富金字塔上不断攀升。
>
> **火焰型天才习惯采取“外倾”行动。**他们通过扩大撬动价值杠杆。他们的问题是：“怎么做才能使这件事没我不行？”火焰型天才通过扩大自己的人际圈，从而在财富金字塔上不断攀升。

当知道如何包装、定价、营销与展示与你的天赋拥有同样的价值时，你就获得了打开财富流的力量。这是掌握财富流的第一步：了解如何通过包装价值与用价值交换新收入来源，以控制与改变财富流的方向。包装对象可以是你的产品或服务，也可以是一笔交易。这个过程不需要花钱。它会整合目前你拥有的知识、机会、财富流与承诺（运用独特天赋增加价值的同时，保持好奇和随机应变）。

最后，你在财富事业层的回报就是，你不再为金钱工作，而是金钱开始为你工作。

现在，你知道采取哪些行动能使你的银行账户在 3 个月内增加 10 000 美元吗？如果不知道，那是因为你还没有掌握从橘色层攀升到黄色层的 3 个步骤，没有和市场建立足够密切的关系。你也不知道能为市场提供什么样的价值，如何为这种价值定价，以及如何运用极具信服力的方式进行宣传，并吸引市场中的人们积极参与。

在橘色层时，你要放开权限，把撬动价值杠杆和创造现金流的任务交给员工。记住，你只是价值链中的一环。**为了攀升到黄色层，你需要理解价值链。你不仅要了解自己在价值链上的位置，而且要知道如何才能把其他部分串联起来，以确保创造稳定的现金流。**以下是从橘色层攀升到黄色层的 3 个步骤。

确认你的身份。为了在全球资金管道系统中有占一席之地，你需要在市场中选择一个位置：你将成为哪个领域的领头羊？你的利基市场将会是什么？（你可以登录百万富翁成长计划国际版网站 www.millionairemasterplan.com 查看相关资料，确认市场身份。）

掌握你的市场。确认你的身份，也就确认了你在市场中的位置。这意味着你已经投身一个市场，而现在你必须学习掌握它。为了在这个市场里成为一名领头人，你必须了解这个市场的参与者身处何方，市场规模有多大，以及这个市场的最新进展如何。你的客户情况如何？他们有什么需求？他们的梦想是什么？在如今迅速发展的经济环境中，掌握这些信息至关重要。

把你的重要时刻兑换成现金。做出一份能在市场中传递价值并赚钱的营销计划，然后实施它。你不仅需要获得对某件产品或服务具有吸引力的报价，而且需要每天都关注市场反馈，评估结果是否符合预期。

正如走出红外层和红色层的 3 个步骤一样，每种类型的天才都有不同的方法或者走着不同的道路，经历着成功与失败。接下来，你可以先了解与自己类型相关的方法，但是也必须了解其他类型天才的方法，以便知道自己的和其他人的存在的联系和差异。

每个行业，每个商业机会，每种职业，都拥有各种不同类型的天才，同时也需要这些天才发挥作用。这样业界才能繁荣发展。你可以先在橘色层找到自己真正热爱的事情，然后再挑选行业或者重新给自己一个机会，最后选择一种能最大程度发挥天赋的方式传递自己的价值。当攀爬到黄色层和财富事业层时，你将需要组建一个团队，或是与其他已经身处财富流的人们建立合作关系，这样才能顺利攀升到绿色层。

钢铁型天才：想做什么比怎样做更重要

哈蒂·哈桑是英格兰北部的一名女性水管工，现在滞留在橘色层。那些白天独居在家，且不希望男性水管工到家里维修的女性，会找哈蒂。但是，当我和哈蒂初次见面时，她告诉我，她正在努力寻找新业务。对哈蒂来说，找到新客户是一个挑战，而且作为一名完美主义者，她也在犹豫是否雇用另一个人来帮忙。

哈蒂是钢铁型天才。她似乎认识到，要想走出橘色层，方法是“增加”，这就意味着许可经营和特许加盟。可是，她需要组建团队，才能提高工作效率，并且快速进入财富流。哈蒂这种类型的天才需要与发电机型天才合作，创造性地推动事物向前发展。另外，她还需要和火焰型天才合作，与市场建立联系。以下是哈蒂从橘色层攀升到黄色层，然后抵达绿色层时所采取的 3 个步骤。

第一步：确认你的身份

- 不要在细节和指标上过分追究，尝试分析自己如何做才能提高效率和增加销量。

◆ 集中时间和精力发挥你的特长，问自己想要有所成就的是什么，然后以令人信服的方式展现出来，让人们传播信息。

哈蒂一直在运用钢铁型天赋，保持低成本，并尝试寻找一种更省力、更快、更能满足客户需求的做事方法。但是在竞争激烈的行业中，不论哈蒂如何提高效率与降低定价，总会有更低的价格。

钢铁型天才容易陷入细节和市场数据中，但这并不是他们现在应该做的事情。问题是，你想变成谁？哈蒂告诉我，她成为一名水管工的原因是，她不想每次家里需要修理时都要找男性修理工。她相信，男性水管工能做到的，女性水管工同样也可以做到，为什么女性就不能在维修领域占据一席之地呢？

当跟我这样的发电机型天才聊过后，哈蒂开始思考自己可以做些什么，而不再专注于如何做事。她思考了自己喜欢做的事情，然后想到可以把目标设定为：创建一家女性水管工培训服务公司。这样，当女性参加完培训之后，就能找一份水管工的工作。于是，哈蒂开始调查市场上是否还有经营女性管道修理业务的企业。她发现还没有这样的企业，于是决定把创建女性水管工培训服务公司作为核心业务。如果她能拥有那种独特身份，就可以围绕市场中除了低价格以外的其他东西发展企业。接下来，她就需要采取第二个步骤。

第二步：掌握你的市场

◆ 不要野心太大，因为在广泛的市场中过于分散自己的精力容易遭遇失败。也不要离你为之服务的人太远，以致失去联系。

◆ 运用你的钢铁型天赋分析某个具体的利基市场，然后和火焰型天才合作，与消费者及合作者建立联系。你需要了解他们需要什么，以及他们愿意为你的解决方案付多少钱。

掌握一个市场的意思是，你要了解其他人在那个市场里做什么，以及你的目标客户真正想要什么。哈蒂运用她的钢铁型天赋进行了一系列调查，发现确实存在一些只想雇用女性水管工的女性。在调查过程中，哈蒂也吸引到了一些有兴趣成为水管工的女性，特别是当她们知道所有的客户也将是女性时。现在，哈蒂知道了自己想要有所成就的领域：成为英国首家女性管道维修公司的创始人。接着，哈蒂决定创建一种既能够把这两个元素联系起来，又能够完全匹配她的天赋的商业模式：她可以按照最完美的标准培训女性水管工，把她们招入公司，然后开始经营专为女性的管道维修服务公司。

问题是，哈蒂需要重新回到第一步，为她的新公司确定一个身份。刚开始哈蒂怎么也想不出合适的名字，后来，她的脑海里蹦出一个词，达到了她想要的效果。这个名字戏弄了一种英国管道设备，也是一种男性独有器官的俚语：活塞。

第三步：把你的重要时刻兑换成现金

- 不要让自己困在琐碎的日常活动中。
- 集中精力运用你对流程的掌握，用清晰的思路创建盈利升级项目，发展一个增加价值的系统，同时创造财富流。

即使身处橘色层的钢铁型天才能够找到身份和投入正确的市场，他们也常常无法创建升级项目。当走到这一步时，火焰型天才或发电机型天才会迷失在机会的追逐中，节奏型天才会迷失在活动中，而钢铁型天才则有防范风险的倾向。

哈蒂的解决方案是，创建一个既能发挥她的钢铁型天赋又适合她的团队的升级项目。这个项目的目标是创建她的行动系统和流程。这样一来，所有的许可加盟商就可以遵循这套行动系统和流程。哈蒂需要组建一个团队。

幸运的是，一些极具天赋的人感受到哈蒂的愿景以及公司品牌的鼓舞，愿意加入她的团队。随后，哈蒂测试了整个许可加盟系统。当她想到，那些未来将从她的工作中获益的女性水管工和客户时，她知道，她的工作将变得更轻松和富有意义。在确定品牌和许可加盟模式之后，公司的吸引力和财富流会持续增长。

如今，活塞公司的女性管道修理服务覆盖了整个英国。哈蒂从未偏离她的利基市场，不过，她扩展了活塞公司提供的服务类型。现在，活塞公司经营着她心仪的业务，也让她拥有更多的时间不断发展她的愿景。

火焰型天才：只做拿手菜，别做满汉全席

为了攀升到黄色层，钢铁型天才会集中精力关注结构和清晰度，而火焰型天才则只关注人际交往。我和贝亚·本科娃初次见面时，她正在伦敦培训女性领导者，是这个城市的知名领导力教练之一，其主要工作是口述和指导。她知道自己想和女性一起工作，但除此之外，她不确定自己到底想在哪个领域发展，以及如开展哪些业务。

我让她看得远一点：“想象 5 年后的你。你受邀向 1 000 人讲述成功经历。你的自我介绍只有一句话，其中包含了你是谁、主张什么以及取得了什么成就。你希望 5 年后的自我介绍是什么样子？你未来的身份将是什么？”当贝亚回答关于未来身份的问题时，她希望在未来成为全球女性领导运动的一份子。我告诉她，她的误区在于她把自己想成为谁与她提供的服务混为一谈了。

这意味着，她把个人品牌和公司品牌混在了一起，更何况她的

公司甚至还没有品牌。从个人身份开始，贝亚需要设定一个非常明确的目标，然后确保身边的人愿意和她一起抵达目的地。

第一步：确认你的身份

- 不要试图给予每个人他们想要的一切，不要接受每一个出现的商业机会，也不要尝试满足每个人的需求。
- 明白自己是谁以及不是谁。当人们被你吸引并与你共事时，他们已经决定跟随你前往目的地；当人们把你介绍给别人时，将有助于开发某个具体的利基市场。

一名身处红色层且打算给每个人想要的一切的火焰型天才，就像一家菜式丰富多样但却没有招牌菜的餐馆。顾客走进餐馆询问招牌菜，但你却说："你想吃什么？"因为你能做出任何一道他们想吃的菜。比萨？好的。印度菜？同样可以做。最初人们可能会走进来，但不久后，他们会发现很难其他人来，因为没人知道你的餐馆主要供应什么。

你不应该给每个人他们想要的一切，因为毫无立场会导致一事无成。**如果想要人们在推荐时清晰准确地介绍你的工作，你就必须集中精力专注于某个领域。**贝亚确定了身份，她决定在除伦敦外的某地担任女性领导力培训师。伦敦的竞争对手太多，而如果在家乡捷克共和国从事这项工作的话，她就能够脱颖而出。贝亚创建一个机构——全球非凡女性研究所，之后获得了一套资质证书，就此开启了"女性联盟"认证计划。

第二步：掌握你的市场

- 不要追逐业务，不要因他人的日程安排和需求而分心，却没有为自己和合作者设定明确的目标。

◆ 认识你的客户和合作者，思考一下你如何行动才能成为他们的第一选择，由此战略性地细分你的市场。

一旦火焰型天才确定了身份，他们会与所有能接触到的人互动，然后就不可避免地重新掉入“给每个人他们想要的一切”的陷阱。火焰型天才总是想释放他们的热情能量，在不同的地方点亮火焰，但是这样的做法永远没有集中时间精力点亮一处效果好。

相反，火焰型天才需要组建团队，以帮助他加工创造、测试测量为消费者和合作者提供的产品。当你在外部搜集反馈意见时，团队内部可以整合产品和系统，同时你也可以评估产品的质量。

贝亚发现，她的客户可分为 3 个层次：第一层，寻找灵感和关系以成就事业的女性；第二层，有意图地寻求联盟的成功女性；第三层，已经拥有人际圈且正在寻找合作者以发展事业的女性领导者。了解市场能帮助她制订公司的第一个升级项目的计划。

第三步：把你的重要时刻兑换成现金

◆ 不要没有计划地耗费时间和精力辛勤工作和追逐客户，制订一个你和消费者都可以遵循的升级项目计划会更好。

◆ 在计划中列出优先行动事项，确保每一份努力都有助于前进。

火焰型天才尽管擅长与人交往，但不会挑选合作伙伴，因为他们不确定自己到底想要什么或需要什么。火焰型天才需要画一幅清晰的蓝图，要具体地描绘目标是什么，让潜在的合作者与团队成员能清晰地看到他们将如何与其共同完成升级项目。

换句话说，不要纠结于回答“我应该做什么”，相反，问问自己“谁才是合适的人才？谁将为我所用？”火焰型天才不仅需要节奏型天才帮他们规划时间，还需要钢铁型天才帮他们处理细节。他们要认同团队选择的方向和设定的里程碑，否则一不小心，就会从一个项目转移到另一个项目。

确定新愿景之后，贝亚吸引了一批愿意在全球非凡女性研究所的初创阶段做义工的女性。贝亚规划了财务航线，并发现如果开展升级项目，就可以赚到足够支撑生活和运营公司的钱。在这个项目中，十几名女性将加入一个为期 12 个月的创始人圈，并学到辅导和人际交往方面的知识，成为机构初创阶段的成功案例。确定这个新项目之后，贝亚只需要给那些已经认识并且信任她的人打电话，就能组建起辅导圈。

通过价值升级，贝亚获得了资金支持，然后创建了第二个提升价值的计划：撰写并营销一本讲述她创业的书，因为这将会获得公众关注。火焰型天才善于推销自己，也善于推销他们深信不疑的事业。这家机构就是贝亚的事业。

6 个月后，这本书出版了，贝亚参加了电视节目的录制，国家媒体对她进行了新闻报道，这为她带来了更多访问量。3 个月后，在一档全国性电视节目中，贝亚和首相进行了座谈。

贝亚不断地用升级项目推动全球非凡女性研究所向前发展。如今，热情已经在捷克共和国点燃，贝亚也正将研究所的业务推向全球。在创办研究所 12 个月后，贝亚已经开始缔结梦寐以求的国际伙伴关系，比如巴厘岛为期 30 天的女性度假项目和澳大利亚的女性领导力团体。

节奏型天才：从细节中抽身

许多有前途的财富创造者借助自由职业开启创业之路，例如成为房产经纪人或保险代理人，或者加入类似活塞公司的特许加盟或许可经营网络，或是成为网络营销组织的成员。

在所有的例子中，成功并不取决于网络，而取决于你是在橘色层追逐业务，还是在黄色层吸引业务。身处黄色层时，你将拥有一个能脱颖而出并成为市场第一选择的个人身份，以及清晰的升级项目计划。

凯文·哈里斯和塔姆辛·哈里斯创办的网络营销公司网络 21 是南非最大的网络营销公司之一，拥有 2 万多名经销商。但他们遇到一个其他许多网络营销公司也遇到的问题：许多经销商在追逐相同的业务。

此时，凯文和塔姆辛身处黄色层。如果要攀升到绿色层，他们就需要公司的领导者带领团队攀升到黄色层。如果公司领导者把所有时间用在追逐业务和互相竞争上，而非创造自我身份，他们永远也无法带领团队抵达黄色层。同时，尽管有些人天生擅长吸引业务，且其网络业务迅速发展，其他一些人却把业务越推越远。他们怎样做才能使所有网络成员学会从橘色层攀升到黄色层的有效思维方式？

凯文是一名火焰型天才，塔姆辛则是一名节奏型天才。他们想了解实施百万富翁成长计划需要做什么。通过商讨，他们得出结论：开启一个将在开普敦和约翰内斯堡实施的升级项目。项目的 3 个步骤如下。

第一步：确认你的身份

- 不要迷失在别人提供的服务中，在没有组建团队构想统一计划的情况下，不要尝试处理好眼前所有的活动。
- 确定你想发展什么，以及你想为他人营造什么样的空间，以建立信任，创造财富流。

贝亚的天赋适合开发女性领导力，因为目前这个领域正处于蒸蒸日上的发展阶段（女性领导者和人际网络已经形成，且正在建立联系），而网络营销则处于成熟阶段（人们已经建立联系，而且会在行动之前寻求更多的信任）。这意味着塔姆辛需要运用节奏型天赋担任领导者，这完全不同于他们以前的做事方式。一直以来，凯文用火焰型天赋领导公司不断寻找下一个机会，塔姆辛则在追赶他的脚步。

我们把这种转固定为一种模式让网络成员遵循。塔姆辛运用节奏型天赋为网络确定新基调和新文化，凯文则进行宣传推广。火焰型天才倾向于关注未来，节奏型天才则更关注当下：不是期盼未来的满足感，而是享受当下。这成为他们新文化的特性。随后他们把领导者聚在一起，在统一计划与节奏的前提下，规划推动事业向前发展的新方式。

第二步：掌握你的市场

- 不要陷入市场细节，或陷入让你每天处理日常事务无法直接创造利润的模式。
- 明确你的目标市场主体是谁，以及你要如何用有利可图的方式提供优质服务。

在确定公司的最高领导者后，塔姆辛和凯文将他们集合起来召开分享未来愿景大会。他们讲述自己的故事，并且记录在名为“网络效应”的文件中，用一种易于分享的方式展示他们的愿景。然后，他们找到公司在南非最大的网络，打算开展动态网络项目的试点计划，并在开普敦发起一项为期10周的挑战。

一个8人团队接受了这次挑战，每个人都将制订未来10周内的5个目标：财富、健康、优秀、人际关系与环境。每周团队都会举行一次聚会，凯文负责主持，在聚会上团队成员将学习策略，分享成功经验。制订计划以后，塔姆辛运用天赋带领团队按照这个节奏行动。每周，她都会了解项目进展情况，把能够互相帮助的人聚在一起，并且追踪团队的成长。在项目刚开始时，参与者只有100多人。当有规律的节奏使公司成员精力充沛、工作积极时，每周项目的参与者都在增加。

第三步：把你的重要时刻兑换成现金

- 不要在活动和眼前的事务中迷失。
- 把你预期的销量作为测试标准。

像塔姆辛的节奏型天才有许多待办事项，他们常陷入这些事情中。当一天结束时，他们已经完成所有待办事项，却还没有赚到钱。塔姆辛需要放下手头的待办事项，根据升级项目衡量所有的事物：升级项目能令他们获得理想的收入和期待的结果，还是需要调整目前的计划？她会获得更好的结果，还是为了获得更好的结果而改变做事的方式？

在为期10周的试点项目中，塔姆辛需要在网络中评估3个指标：参与投入程度（通过反馈和成功的故事）、新成员（通过新注册人数）以及整体销量（通过产品购买量）。直到开始评估前，他的团队成员仍不认为能够掌控每月的成果。以前他们忙个不停，然后等到每个月底收佣金和支票。现在他们开始采用评估方法并设置里程碑，而且提高了积极性，就像团队领导的做法一样。

项目实行过程中，他们确保每个人都学会在经营过程中运用天赋的3种方法：自我管理、理解消费者、设计团队领导策略。他们建议我用视频分享适合4种天才创造网络效应的4种策略，然后给予回应。

火焰型天才每周会举办一场有趣的聚会，以至整个网络的人都邀请朋友前来参加，而后加入这个网络；钢铁型天才则与此相反，他们会创造一个经销商可以每天执行的系统；发电机型领导者会在团队创意的基础上，创造一个独特的网络；而节奏型领导者会经营一个关注最新消息、潮流、关注成功故事和口头宣传的网络。

塔姆辛运用节奏型天赋毫不费力地掌握了这些方法。网络 21 的销售额和新注册人数增加了一倍，同时其项目成员的参与程度远比期待的要高得多（超过 80% 的人想再一次参与这个项目）。团队成员都获得了可观的收益，而且他们的关注重点也从橘色层的“完成销售”转换为黄色层的“开创机会”。

发电机型天才：请相信，你就是市场的中心

假如你是一名身处橘色层的发电机型天才，目前拥有一份工作且希望继续向上攀升，应该怎么做？2011 年，当我和希瑟・耶兰初次相遇时，她就处于这种状态。一直以来，希瑟在澳大利亚协助一位知名的国际演说家，为企业领导者提供咨询和指导工作。

现在她已经准备好要创造一份属于自己的事业。希瑟认为她会在擅长的领域（企业咨询）创造成果，但并不知道将要具体开创什么样的事业。我在一开始指导她时就问她：“如果不是为了挣钱，你想要做些什么？”她的回答让我们都感到惊讶：“我一直以来都想和孩子一起工作。”

希瑟的梦想是改善孩子的受教育状况。希瑟认为这份事业需要投入大量的时间和精力，原打算年纪稍大一些再开始。我问希瑟，如果她可以一边工作一边改变孩子们的命运会怎么样。她露出了笑容。于是，我们扩展了蓝图。

现在，我们不仅辅导企业领导者，而且还帮助未来世界的领导者——我们的孩子。然后，希瑟需要个人身份：与其在外奔波寻找新客户，不如首先创造专属品牌，再用这个品牌吸引客户。这才是目前希瑟最需要做的事情。

第一步：确认你的身份

- 不要根据不断涌现的新点子或是为满足他人需求而想出的创意来创造服务或产品。
- 明确身份，让所有的业务、合作伙伴和升级项目能够围绕你运转。

想象 5 年后的你。你已经取得成功，有人正在维基百科上编写你的条目。你希望第一段内容是什么？所有成功的领导者和企业家个人简介的开头都会介绍他们是谁、支持什么。其实，这些事情在他们成名之前早已为公众所熟知。对于普通人而言，知道自己支持什么就像在足球场上确定自己的位置：你选择了那个位置，留在那里，然后让人们传球给你。这样，你就成为财富流的起点，而不需要四处奔波。

换句话说，当计划做好一件事时，我们就已开启了成功模式。希瑟回顾了自己如何和企业客户合作以获得理想中的结果。她还没有开创品牌，但每次和企业合作时都会循序渐进，一步一步地深入了解企业的内部情况。她常常会问：这家企业的企业文化激发了员工、合作者和顾客什么样的情感（不是想法）？她会帮助企业重建新的情感。为此，我们想到了一个品牌名字：情感计划。

第二步：掌握你的市场

- 不要追逐业务或时常开启新项目并上门推销，从而寄希望于有人会购买你的产品或服务。
- 与那些拥有你可以从他身上学到东西并获得收益的人建立联系，然后明确谁是消费者而谁不是。

掌握市场并不是指在不了解市场的情况下尝试开启新项目，而是指和那些已经在球场上的人一起踢这场球。既想追逐业务又想掌握市场就像追蝴蝶，你可能每次都能抓到一只，但第二天你还需要继续追逐。最好的方法是修建一个花园，那样，蝴蝶每天都会飞到你身边。这就是发电机型天才要有所突破的关键点：吸引。

发电机型天才需要运用天生的创造力，不要把精力过多用于创造产品或服务商，而要设法吸引目标客户，让他们无论何时何地都能看到自己的产品或服务。

这时，希瑟已经做了一些研究，并清楚自己只想和高端企业领导者合作。那么怎样做才能同时改善孩子的受教育状况？希瑟发现，亚洲和澳大利亚的学生发展计划正处于萌芽阶段，而美国的学生发展计划早已开始实施。我跟希瑟分享了之前与乔·沙蓬以及博比·德波特在超级营地项目中的合作经历。超级营地项目是一个拥有 20 年历史的青少年露营体验计划。

通常情况下，我们与更高层级的人合作时学到的知识是攀升到下一个层级所要具备的。同时，我们还会从他们身上学到其商业模式及对市场的理解。希瑟在和博比合作时就是这么做的。超级营地项目为青少年提供为期 7 天或 10 天的露营体验项目，包括生活技能和快速学习技能。乔·沙蓬以及博比·德波特曾在巴厘岛的绿色学校启动超级营地项目，但至今未能打开澳大利亚的市场。希瑟联系上了乔，两人商定要在澳大利亚掀起一场超级营地运动。为策划这场运动，乔和博比将引用曾在全球一百多万儿童发展计划中推行过的工具和系统。

现在，希瑟只需要找到一种比挨家挨户敲门更好的方法，来打入澳大利亚市场。她需要找到一群人，一群疼爱孩子且会报名让孩子参加超级营地项目的人：他们都在哪里？那些经常出现且可能成为潜在合作者的人是谁？有什么方法可以确保她的信息简单快捷地出现在他们面前？

第三步：把你的重要时刻兑换成现金

- 不要坐等天上掉钱。
- 创造一个能在具体的时间段达到可观业务量的升级项目，每天预留时间验证你的假设，并且学会用你的方式赚钱。

即使眼下的事务还没有完成，发电机型天才也总想要开启新项目。这就解释了为什么我们已经找到了合适的市场，却常常无法赚到钱。我们宁愿东奔西跑，创造更多东西，也不愿意集中精力专注某些特定的升级项目，对其进行评估，然后找到更好的执行方案。其实，如果我们能够这样做的话，即便无法获得预期的业务，也会知道什么方法是奏效的，什么不奏效。

每当创建一个升级项目时，同时也就确定了目的地，这将吸引那些有共同目标的人一起前进。我们搜集到那些愿意共同前进的人所需要的支持，其中大部分人愿意获得奖励以实现共同目标。其核心是：与团队合作持续改善发展企业，创建更大规模的升级项目，并且吸引更多的人合作。这是真正的飞跃！我们从了解自己的正向现金流，到认识现金流能够为事业创造市场流，再到发展事业或转型，实现了一步一步地转变。一旦我们理清了所有事物之间的联系，就可以控制财富流。这种感觉跟等待业务自动上门迥然不同。

从美国超级营地团队和巴厘岛团队正在运行的升级项目中，希瑟学到了许多。她在家长和学生中推广一个奖学金升级项目，随后让它像病毒一样传播。澳大利亚非常注重教育，而希瑟的超级营地项目为当地孩子提供了加速学习技能。这引起了媒体的关注，为她带来了机会，比如在大型活动或会议上为超级营地发表演讲。

结果，希瑟不仅吸引了许多参与者以组成第一届超级营地，而且为情感计划公司找到了客户。希瑟曾经认为兼顾理想和现实很难，但现在她发现，忠于自己的理想，为信仰和目标而奋斗，更容易吸引客户。

公司业务展开后，发展超级营地也变得更加简单：希瑟的公司与合作公司赞助学生奖学金。希瑟不想陷入细节，于是保留了超级营地的模式，并为适应澳大利亚市场而对公司加以调整。现在，她已经清楚地知道自己需要多大的团队，收支平衡点是什么，以及是否应该集中精力从事什么活动。

现在，希瑟了解了各种类型的天才从橘色层上攀升到黄色层时都在做什么：一旦确认身份且掌握了市场，你就有可能找到与其他人建立联系的方式。他们会发现你的价值，你也可以向他们学习，不需要独自解决所有的问题。你的价值就是其他人的杠杆，你总能找到和别人一起玩游戏的方法。

为什么钱不追你?

你的目标可能是赚到100万，但那也可能根本不是你的目标。或许你只想在事业或工作中找到内心的平静，可以在压力较小的情况下赚钱养家；或许你会为找到安全感而高兴，因为知道自己并不依赖一份工作。即便没有这份工作，你的财务状况也不会出现任何问题。

现在是攀登到财富金字塔更高处的时刻：这不是关于扮演雇用或个体经营、拥有者或投资者、穷人或富人的角色问题，而是关于你做出选择然后控制自己未来财务状况的问题。因此，在攀登财富金字塔的过程中，从橘色层攀升到黄色层将会成为关键时刻，因为你不仅将到达另一个层级，还将进入另一个阶段。大部分人现在所处的阶段是财富基层，但只有在财富事业层才能大量赚钱。这才是真正要采取行动的阶段。

我们可以用足球赛事类比财富基层和财富事业层之间（橘色层劳动者和黄色层独奏者之间）的差异。一般来说，观众比运动员要多。

观众就像是身处红外层和红色层的人，大多数身份不明，可以随意去留，但他们并不是这场比赛的主角，不需要遵守更多的规矩。观众很少离开座位，但是可以畅所欲言。他们对球场上的成功和失败反应激烈，而且会向运动员、裁判以及任何人大声发表观点。

如果你已经抵达橘色层，那就有权与运动员一起比赛。运动员因为一流的运动技巧和比赛表现而获得认可。他们被万众期待，为了比赛而接受训练、掌握运动技巧、遵循规则、展开竞技。每个人，特别是观众，对他们抱有很高的期望，而且认为他们要对比赛结果负责。

如果你把橘色层劳动者看作观众，把黄色层独奏者看作球场上的运动员，把足球看作资金、机会或资源，就会明白为什么没有人传球给你：因为你并没有参与比赛。这是身处橘色层的企业家和被雇用者面临的最大挑战。如果你创办公司或从事工作只是为了参与比赛，然后一直追逐资金，那就像是一名观众满场追逐足球。没人会配合你，更何况你也追不到那个球。所以，为什么财富金字塔的观众比运动员多？因为我们的教育系统一直在强调从红色层攀升到橘色层的重要性：如何将依赖他人的红色层幸存者转变为勤奋工作的橘色层劳动者。

我认识的每一个身处橘色层的人都很担心未来会没有收入。当身处橘色层时，你会因为一份稳定的工作而获得价值感和成就感，但同时也会担心失业。如果你是自由职业者，也会有这种担心：你总是需要寻找下一个合作项目，而且为了保持现金流，必须持续推进它。

但是，我认识的每一个身处黄色层的人，无论是被雇佣者还是自由职业者，无论是企业家还是投资者，都不会担心没有收入或失业。黄色层独奏者已经学会创造的重要技巧，所以总能找到雇主和新业务。他们一直遵循着走出橘色层的 3 个步骤，从依赖走向独立。当攀升到黄色层时，他们就能自由地转换工作和变更合作项目。这时候，他们已经跨越了比赛场地与观众席之间的屏障，准备好认真地比试一场。

换句话说，即使在球场上，你也不再需要追着球跑，因为你拥有团队，团队中的队员会帮你追球。结果，你不用花时间四处奔跑，而把更多的时间留给比赛，并且朝着能最大程度发挥你价值的地方前进。当你身处那个位置时，别人才会经常传球给你。

但是，为了达到最高水平，你需要选择一个位置，通过训练，上场，然后承担一份不同于观众的责任。拥有门票和座位已经不足以令你成功，你需要把握比赛中的位置。要做到这点，需要进行 3 项重要练习。这些练习与大部分人之前在学校里学到的正好相反。

学习来自行动：知道而不做等于不知道。我们不能通过读书而要通过实践到达黄色层。学习来自于行动。在学校里，我们被教导要好好学习。想要成为一名财富创造者，你需要掌握街头智慧。财富创造者想要了解知识就需要实践，采取行动，然后在实践中学习。那就是为什么你正在阅读的不仅仅是一本书。它还为你打开了一条通路，以确保你能遵循正确的规则，参与适合的比赛。

学习是一场比赛：学习很有趣，而且你需要掌握规则。到了这个时刻，选择适合的比赛，以及在比赛中选择正确的位置进行实践非常重要：这场比赛一定要能够发挥你的天赋。这样，你才能享受比赛的过程，然后愉快地进行下去，因为参与得越久越能获得更好的效果。

成功来自有效的给予：你不依靠带球得分，而通过传球得分。太多人会为传递观点或给予机会而感到为难，因为他们认为传递出去的东西将一去不复返，就像球被打进人群中不再回来一样。但是，当我们集中精力给予时，球始终在场上并推动比赛。无效的给予是把球传给观众。有效的给予是把球传给场上的其他队员。即使对手得到了球，但球始终在场上，这意味着传递出去的球最终将会重新传回你手里。

这就是现在你攀升到黄色层的关键所在：有效的给予，让自己处于接传球的位置。这样，当我们把机会、资源和资金传递出去时，球场上的每个人都能多次接触到球。团队最终将获得共同胜利。

当我们不再像身处橘色层时那样紧抓手中的机会和资源，而是将它们传递出去并抵达黄色层时，我们将在财富事业层体会到财富流令人满足的本质。

上位前检查清单：黄色层

明确自己所处的位置以及自己和市场之间的关系将使你进入公众视线。以下是把你的时间兑换成金钱，然后进入市场流的关键步骤。现在，请填写下面的清单：在“是”或“否”上打钩。你处于什么等级？当以下 9 项你全部勾选了“是”的时候，你就已经把热情和目标与自己的航线联系在一起了。

确认你的身份

1. 我知道如何获得我的理想身份，同时已拥有一个能够清晰表达出来的身份，我还找到了可以学习的榜样。

□是　□否

2. 我在我的利基市场里已经具有一定知名度。在我的领域中，我是一名独特的领导者，能创造商业吸引力和机会。

□是　□否

3. 我已经使我的所有行动、信息和销售保持一致，以向我的市场和世界清晰地展示我的身份。

□是　□否

掌握你的市场

1. 我已经根据大小对我的市场进行了分类；我了解我的竞争对手，也了解我独特的市场位置和市场份额。

□是 □否

2. 我已经对我的市场进行了分割，也围绕着客户的不同需求规划了我的时间和业务。

□是 □否

3. 我拥有一套能使我贴近消费者、竞争对手以及市场塑造者的系统和节奏。

□是 □否

把你的重要时刻兑换成现金

1. 我已经把我所有的业务流程外包或是让它们自动化运作，那样我就可以集中精力完成有利可图的升级项目。

□是 □否

2. 我已经制订了一份和我的每月损益及现金流预测相符的年度升级项目计划。

□是 □否

3. 我已经做到每周和我的团队成员及合作者对我们的升级项目进行结果评估与测试。

□是 □否

本章概要

1. 橘色层是财富基层的最后一个层级。当你身处橘色层时，你会拥有正向现金流，但依然依赖于其他人。从橘色层攀升到黄色层就是从依赖到独立。
2. 所有财富流都是由项目和流程组成。项目增加财富流，流程维持财富流。财富事业层内所有成功的财富创造者都已经掌握了使流程自动化或将流程外包的技巧，这样他们就可以把时间集中在能带来收益的升级项目上。
3. 你能在财富金字塔上不断攀升是因为你从零汲取了力量。随着你在财富金字塔上每攀升一个层级，你眼中金额数目的大小程度会发生变化，通常是每增加一个层级呈十倍增长。如果你还没能实现 1 000 美元的升级项目，那就不要给自己设定 10 000 美元的升级项目。
4. 财富等式：财富 = 价值 × 杠杆率。价值交换创造资金流的流速，撬动价值杠杆会增加资金流的数量。在这两个变量的作用下，财富之河就此诞生。

   从橘色层攀升到黄色层需要遵循 3 个步骤：

   ◆ 确认你的身份

   ◆ 掌握你的市场

   ◆ 把你的重要时刻兑换成现金
5. 橘色层劳动者就像是一场足球赛里的观众。实践 3 项重要练习能让他们不再只做比赛的旁观者，而是成为参与者，从而攀升到黄色层：

   ◆ 学习来自行动。

   ◆ 学习是一场比赛。它是有趣的，而且需要人们了解规则。

   ◆ 成功来自有效的给予：继续传递，而不要紧抓在手。

行动要点

设计财富升级项目的黄金路线

所有的升级项目都有相同的结构，也都遵循着相同的设计原则。从新的零售或服务公司的小型升级项目，到网络升级项目和新产品升级项目，再到融资升级项目和价值数百万美元房产的升级项目，它们都遵循着相同的基本原则：黄金路线。

以下步骤摘自“把你的重要时刻兑换成金钱”指南，你可以在百万富翁成长计划的国际版网站 www.millionairemasterplan.com 的个人页面上阅读完整的部分。请遵循以下步骤设计自己的升级计划和黄金路线。在你开始之前，请先牢记 4 点：

- 这是财富金字塔中攀登到黄色层的第三个步骤。采取这个步骤的前提是，每个升级项目都和你的身份相符，而且都发生在你的市场范围内。
- 不论你的假设是什么，你都错了。事情永远会比你想的更好或更糟。你每周都需要取消一些计划，重新调整安排。如果你一直定期和自己的团队检查计划的执行情况，那么做这些简单的调整就可以令你回归正轨。
- 每个升级项目都有计划、预期收益以及期限，这是你和你的市场之间的一场舞蹈。你所采取的每个行动都会得到市场的相应回应，所以你需要权衡每一步行动，并且在需要的时候进行调整。就像是打开水龙头一样，优秀的领导者会学习如何每次把升级项目的收益增加一个0（从1 000美元到10 000美元，然后从10 000美元到100 000美元，以此类推）。为了让资金流动，你们知道自己需要了解市场需要什么，并且确保每个升级项目具有的价值都超越其成本。

- 随着你在财富金字塔上不断攀升，你吸引合作者和投资者的能力将取决于你是如何设置里程碑，以及为了实现这些目标所实行的升级项目取得了什么样的成果。那就是在你的市场内建立信任的方法。这一切的开端就是设计你的第一个升级项目。

请遵循以下步骤设计自己的升级计划和黄金路线。

你的升级项目

项目名称：你的升级项目的名称是什么？

领导者：谁将担任这个项目的领导者，并对其负责？

为什么：宗旨

为什么现在实行这个升级项目很重要？这个项目的内容是开发一件新产品吗？是为公司增加新系统吗？还是在市场里创建自己的品牌？

是什么：目标

把你的关键目标限定在3个领域里：

- 金融目标：具体的收入和利润目标是什么？
- 发展目标：这个升级项目将为我们带来什么样的持续收入来源、新产品、新系统、新市场或新团队？
- 学习目标：你将会在这个过程里学到什么新知识和技能？

谁：团队成员

列出团队里的每一名成员，同时注明他的责任范围。

何时：期限和里程碑

制订一份简单的从头到尾的里程碑计划：开始日期，结束日期以及每周团队评估的日期和时间（见表 5.1）。

表 5.1　里程碑计划表

日期	里程碑	收益
第一周		
第二周		
第三周		

如何做：升级项目策略

- 你难以抗拒的报价是什么？
- 谁是你的目标客户？
- 你正在对哪部分资金进行重新分配？
- 你正在解决什么问题？
- 为什么你的解决方案更棒？
- 你现在急于获得什么？
- 如果不成功会有什么后果？
- 你的价格和升级项目是什么？

所有优秀的升级项目都遵循以下 7 个步骤，每个步骤都是可测量且可控的：

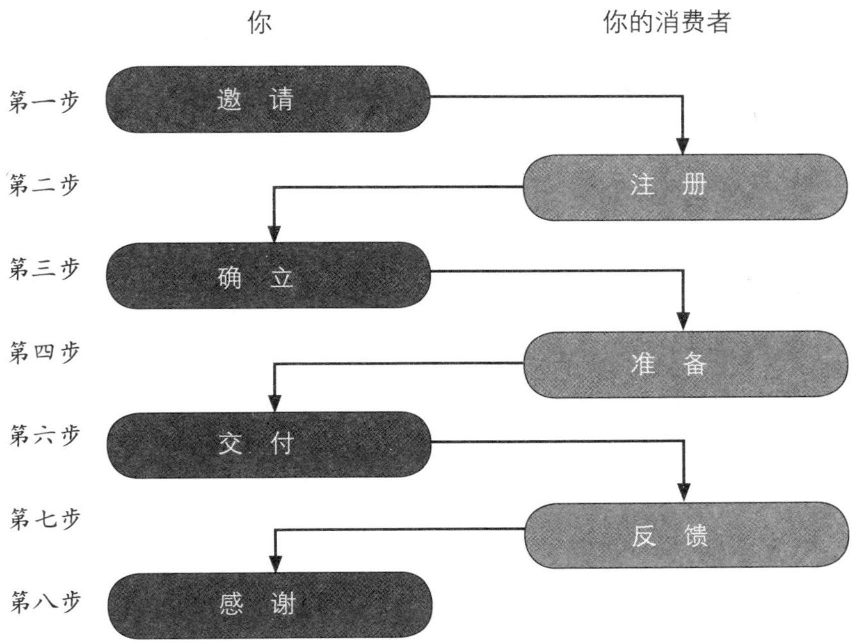

5.3 黄金路线示意图

一次引人注目的邀请：这是什么？谁将会接触到它？什么时候，怎么做？

简单的注册：自动、可测量、可追踪

坚实地确立：做出承诺、直接的回报

细心的准备：构建预期、设定期望值

高质量交付：超出期待、发出一次新邀请

简单的反馈：诚实的反馈、可量化的改进

真诚的感谢：项目完成、令人着迷的尾声

用你的营销资料、邮件、演示资料，以及任何你在未来可以回顾的文件记录下升级项目中的每一个步骤。对比你和你的团队在每个步

骤的最佳表现和行业内的度量标准。通过在每个层级提高相互作用的质量和频率，你可以在黄金路线的每个步骤对其造成的影响进行测量：

- 注册率（受邀请对象注册的百分比）
- 转化率（注册者购买的百分比）
- 参与率（参与者的百分比）
- 交付率（购买后收到完整产品或服务的顾客的百分比）
- 满意率（给予正面反馈的顾客的百分比）
- 重复购买率（再次购买的顾客的百分比）

第6章

如何上位到绿色层？

你身边有同伴吗？

发电机型天才马特是一家物理治疗会所的老板，但客户只信任他一个人，这直接阻碍了公司的发展壮大。但马特束手无策：如果我不日夜操劳，谁来支付那些账单？火焰型天才斯科特掌管着一家国际房产公司，他整天世界各地飞来飞去，光鲜体面但忙极了。“你或许应该休息一下？”“但我找不到做得跟我一样好的人。”

黄色层人群画像

判断标准：通过掌握自己的市场获得正向现金流

情感：自力更生；吸引；限制

停留在这里的代价：发展有限；影响有限；孤立

需要关注：节奏和掌控

我要如何到达这里？智谋；适应力；坚持

我要如何攀升？创建自己的事业；完善你的节奏；协调你的行动

欢迎来到财富事业层，所有财富都是在这个阶段创造的。在此之间，你已经攀登过了财富基层。无论你是创办了一家公司，或是一名自由职业者，还是拥有一份工作，你都会发现自己很受欢迎。资金和机会从四面八方涌来。

现在，你是一名独奏者。你喜欢自己的事业，并且创造属于自己的财富流。于是，你可以在这个阶段快乐地生活，同时你也已经赢得了权利，让你主动发挥潜能，并且散发更耀眼的光芒。

但请注意：黄色层可能成为你遭遇挫折的漩涡。在这一层，你很容易陷入停滞，并且只能发挥潜力的一小部分。在这一层，许多人通过“猛踩油门全速行驶”找到了他们成功的方法。他们相信，越专注投入，越能取得更大的成就。

于是，他们开启了许多个项目或创办了多家公司，所有项目或公司都在向前发展，但没有哪个达到理想的运营状态。这是因为这些项目或公司都依赖着同一件事：你。如果你停下来，现金流也会随之停止流动。

这一现象被称为“章鱼效应”：表面上看，你或者你的公司是成功的，因为一直有现金流入，而且有那么多个项目或公司同时启动或运行。然而实际上，这些众多“触手”都必须依靠一个小小的“章鱼脑袋”发号施令。与此同时，所有的项目或公司都令人失望。

猛踩油门并不能帮你实现从像章鱼一样的黄色层独奏者（在这一层，一个人做所有的事情）到绿色层合奏者（在这一层，所有人都做同一件事情）的转变。相反，你要松开油门，踩下离合器，变换档位。

这意味着你需要做那些与助你成功攀升到黄色层相反的事情。这就是为什么对于身处黄色层的人而言，攀升到绿色层的行为方式是违反直觉的，因为它要求放弃自己的自由。

但是，此时你所需要的并不是自由，而是对某件比自己还重要的事情承担起责任。那就是为什么你始终会困惑于自己是应该辞职，创办一份属于自己的事业（参见接下来我即将讲述的钢铁型天才沃恩·克莱尔的故事），还是在工作日的晚上和周末试着进行资产或股票投资，以此创造更多财富。

如果你拥有一份工作的同时想开启自己的事业之路，这时，请不要把工作看成障碍。你可以将其视作在接受教育的同时还能获得一笔报酬。所有大型组织和公司都处于绿色层,其运营不依赖于任何一个人。当你创办自己的公司时，你曾学到的团队工作技巧将是非常宝贵的经验。这样你就可以通过和他人合作，发挥自己的天赋并且避开“章鱼”组织或个人，从橘色层攀升到黄色层，再到绿色层。

实际上，我曾尝试过与自己团队合作时这样做，我也了解到其他许多攀登财富金字塔的人也会这么做，因为大家都知道推动团队成员向上攀升的益处。例如，苏拉杰·奈克从大学毕业起就和我一起创业，后来一路从橘色层攀升到了黄色层，再到绿色层。现在，他负责运营管理我的企业家协会网络平台 GeniusU。

苏拉杰是一名火焰型领导者，带领团队管理 GeniusU 平台的方方面面。此时他面临的关键是，学会放慢在黄色层前进的脚步，减少自己对平台业务的推动，而把精力更多地用于分清每个岗位的职责，同时创造一套模型和系统，使团队中的每个人都被清晰地赋予一定的权力，并承担起属于自己的那份责任。这是迈向绿色层合奏者的关键一步。

这样做的结果是，在我们业务最繁忙、而且推行所有新系统的2013 年，苏拉杰还能和他的朋友一起在欧洲度一个长假，并他在那里尝试高空跳伞，同时实现了他的一个梦想：获得了跳伞资格证书。如果他一直像章鱼一样工作，尝试自己管控一切，他就会产生更多烦恼，却获得更少自由支配的时间。那真是糟透了。

实际上，苏拉杰能在为他人打工的同时攀升到绿色层的这个例子，仅部分揭示了从黄色层继续向上攀升的 5 个财富神话中的一个。

福布斯富豪榜的真相

为什么那么多努力创造财富的人会犯下这样的错误：在还没掌握所需技能之前就匆忙开始推行“解决方案”？因为在过去十几年里，我们学到的关于财富的知识是不正确的，或时至今日已经不再适用。我曾在世界各地为数千名财富创造者提供过指导，他们中大部分人面临的第一个挑战就是，忘却 5 大财富神话。唯有如此，他们才能向财富金字塔的更高处攀登。

神话 1　财富来自被动收入

神话：你可以通过负债购买将为你带来被动收入（没参与贸易或商业活动而获得的收入。——译者注）的资产而变得富有，那样你就再也不需要通过工作来谋生了。

真相：这样做你只是挖了一个坑，而不是一条河，因为所有的资产都需要管理。这意味着你需要了解如何管理一个团队和一些专家，让他们帮助你管理你的资产组合。

是的，积累能为你创造财富流的资产是积累财富的关键。很多人过度分散自己的资源购买房产或其他资产，期望自己能创造出源源不断的被动收入，却蒙受了巨大的损失。他们看到的是资产价值的下跌，现金流由正转负，以及长期以来建立的信用评级毁于一旦。为什么这并没有发生在所有最富有的人身上？因为最富有的人知道，他们的所有资产（不论是房产还是公司）都需要善加管理。这件事可是一点儿也不能被动的。

表面上看，果农可以获得被动收入，因为苹果树一直会长苹果，但要培植那些树需要时间和专业知识。你的资产也是一样：小心选择资产，在计算收益时把选择、管理与销售资产的真实成本考虑进去。

你可以这样做：用实实在在的投资组合收益替代被动收入，让一个团队负责管理投资组合中的每一部分资产。密切监督与管理你的投资组合及其收益。

神话 2　财富来自多重收入

神话：收入来源越多越好，你如果拥有越多的收入来源，你就变得越富有。

真相：同时开发多条收入来源就好像同时把很多个球推上山：刚开始时你可能还可以多头兼顾，但最终你会混淆你的关注点，而且耗费大量时间。成功来自不断成长的团队，而不是收入来源：多个赚取收益的团队。

这个神话可能是财富事业层里最有害的一个了。其实，对于任何层级的天才来说，这个神话都很危险。如果你身边的每个人都不清楚你的关注点是什么，也就是你在球场上打什么位置，你将不得不一直追着球跑，而非接住别人传给你的球。

在黄色层，人们必须了解的一点是，赚钱的不是钱而是人。在投资资产之前，先投资对的人，然后请他们帮你管理资产。否则，你就只能独自玩这场杂耍，而且你迟早会把手上的球搞丢。

神话 3　财富来自你的退出策略

神话：当你出售资产时，财富就会到手。你要为一个现在可以努力经营、将来可以出售变现的投资项目制订一个退出策略。

真相：一直工作下去，因为你热爱你所做的事情。不要努力烤一个馅饼，然后把它出售。而要经营这家烘焙店，这样你想烤几个馅饼就能烤几个，然后把一部分卖出去，把剩下的储存起来。

我曾经遇到过很多人，他们一直在等待一个出手的时机，好让自己的投资赚个够。他们不享受自己所做的事情。只是说服自己笑嘻嘻地忍受这一切，然后告诉自己“等我赚到 ×× 钱，或者等我以 ×× 价格卖了这家公司，我就不干了。”当然，我们确实听到过人们通过出售公司或资产而获得了大笔回报的故事，但这些故事的主人公很少不对自己的事业倾注极大的热情。

所以，请用成功策略（参与比赛）代替退出策略（退出比赛）。世界上最富有的人依然在经营自己的事业，因为当你顺应自己的天赋，做自己喜欢的事情时，就不会觉得工作很辛苦。当你攀升到蓝色层，任何退出策略都已经不再适用于你，而只适合项目合作者和投资者。

神话 4　财富来自自己做老板

神话：通往财富之路的起点是自己创业，选择你要做些什么以及何时去做。

真相：我们并非通过自己做老板才能获得财富，而是要选对自己的老板。

事实是，我们总是要对某些人负责。他们可能是客户、股东或是团队。自己做老板意味着你让一个对你约束力最低的人来管理监督自己，那就是你自己。这是一条孤单的道路。

我总会选择适合的人负责执行或管理我创建的每个计划、项目和公司，并且代替我行使我的职责。尽管如此，我还是需要对某些人负责。我唯一可以自由选择的是，我想在谁的领导下完成那些我感兴趣的事情。我会按我的节奏来检查他们的工作情况，以及我需要做些什么来支持他们，以此确保他们能感受到我依然在为他们服务，为他们负责以及和他们联结在一起。

财富来自孤注一掷的冒险

神话：英雄之旅是企业家精神的本质，而且需要为了理想赌上一切。巨大的风险会带来巨大的收益。

真相：从攀登珠穆朗玛峰到月球登陆，最伟大的英雄之旅都只承受着最小的风险。在这些旅途上，你会谨慎前行。为了最终获得成功，你会在迈出每一步之前都进行测试和测量。

失败有两种：引导你的和令你沉沦的。在财富金字塔上攀登有其风险：你爬得越高，坠落时摔得越疼。所以，随着你的位置越来越高，你需要做好更充分的准备。忘记孤注一掷的神话，在采取行动之前把风险控制到最小。

总而言之，这 5 个神话是一种机械地思考财富的方式。它让我们走上了一条单打独斗的道路。与此相反，5 个真相则选择了一种更自然的道路。它不仅让不断增长的财富流取代了资产的建立，而且让人与人之间以及人和市场之间都保持着紧密的连接。

你还在怀疑这些真相吗？那么，请随便找一份“富豪榜”，然后问自己这些问题：

- 他们获得的是被动收入还是主动收入？
- 他们在尝试创造多个收入来源，还是让多个团队为他们创造收入？
- 他们遵循的是退出策略还是成功策略？
- 他们只对自己负责还是要对他们身边的其他人负责？
- 他们是孤注一掷还是会对风险进行测试与测量？

一旦你把这些神话清理出你的脑袋，你就准备好攀登财富事业层了。首先，你要采取以下的 3 个步骤，以便从黄色层攀升到绿色层。

从一个人做所有事，转变为所有人做一件事

当我们经历这些步骤时，请在脑海中牢记两个事实：

> 首先，为了获得攀升一个层级所需要的吸引力、收入和保障，你不一定要自己创办企业。你也可以通过晋升实现这一点。
>
> 其次，如果你是自由职业者，你可以通过在业务中实践这 3 个步骤攀升到绿色层。

很多人发现，在经营黄色层业务的同时，可以顺便经营一项绿色层业务。所以，你可以利用你的超人时间组建一个绿色层团队，同时在你的普通人时间里保持正向现金流！

接下来的故事或案例很好地说明了这些选择。但请牢记，这只是目前的一个选择。你可能身处黄色层，而且很高兴自己在经营一家小型企业的同时，还能自由地随时做自己喜欢的事。但如果你想拥有一家没有你也能正常运转的公司，而且最终可以把你的多项收入来源交给你的团队管理，你就需要遵循以下这 3 个通往绿色层的步骤。

创建自己的事业。黄色层独奏者通过创建能充分发挥自己天赋的事业确立自己的身份。绿色层合奏者则是将创建没有他们也能正常运转的公司作为自己的事业。你的公司必须拥有不同的赢利模式或商业模式，以负担管理团队的运营成本。他们必须拥有自己的目标和工作模式,以便不需要你的参与也能正常工作。同时，你还需要制订一份团队可以推行的复合升级计划。

完善你的节奏。你在黄色层时拥有的随时做自己想做的事情的自由，转变成了一种人人在绿色层都可以遵循的事先设定好的节奏。换句话说，你的角色从主音吉他手变成了鼓手。身为鼓手，你不能把太多时间放在表演上，而要把更多精力放在为团队设定节奏，以及增强信任与沟通上，这是每个高效团队都需要的。这意味着，你需要提前为下一年做计划：确定里程碑、制订行动措施、评估团队工作、制订新计划，无论是商业策略还是营销计划，无论是公司制度还是行动方案。关于这一点，请参见本章总结。

协调你的行动。黄色层独奏者可以在不断向上攀升的同时完成这个步骤。绿色层合奏者需要提前计划，以便让所有人做同一件事情取代一个人做所有的事情。你要让团队的行动和公司的发展趋势保持一致，这就像春夏秋冬的季节更替一样，在进入下一个阶段之前，一切都会变化，节奏也会放缓。

虽然都遵循相同的 3 个步骤，但每种天才在这个过程中创造价值和撬动他人价值杠杆的方式却各不相同。下面，请先读一读火焰型天才斯科特·皮肯的故事。

在介绍这个故事的同时，我会谈到阻碍各种类型天才攀升到绿色层的 3 个借口，并详细分析前文提出的 3 个步骤是如何逐一攻克这些借口的。

然后，你可以跳过一些内容，阅读属于你财富优势类型的那部分内容。但在读完之后，也请阅读其他财富优势类型的内容，这会让你了解你所组建团队中其他类型的天才是如何思考的。

火焰型天才：别制订缺你不可的执行策略

斯科特·皮肯是南非开普敦的一位企业家。他一直是激励大师安东尼·罗宾和企业成长专家切特·霍姆斯在南非的业务拓展代表。他还创立了一家国际房产公司，在澳大利亚从事房地产投资事业。几年前，我和斯科特第一次会面。当时，他进行了财富光谱测试，结果显示，他正处于黄色层。

“我已经受够了一手包揽所有的事情，”他说，“快教我怎么做才能上升到绿色层。”于是，我成了斯科特的导师。但在帮助他实践这 3 个步骤之前，我需要先谈一谈他以及每位黄色层独奏者给自己找的几条借口。正是这些借口，阻碍了他们继续在财富金字塔上攀升。

我找不到做得像我一样好的人。黄色层领导者会用这个借口说服自己，只有自己才能完成某项工作，因为他们没有投入时间帮助新的管理者获得成功。

我雇不起优秀的员工。黄色层企业家会用这个借口，为自己没有投入时间创造一套让他们雇得起优秀管理者的商业模式开脱。即使他们能找到优秀的员工，他们也雇不起。

> **我太忙了，没有时间寻找并训练适合的人。**因为已经构造了一个能够充分发挥自己重要性的世界，而忙碌到没有空余时间，黄色层独奏者就会为自己找这个借口。

我向斯科特展示了这3个借口，然后问哪种表述最符合他的情况。斯科特大笑道："全部都符合。"

正如我之前所说，**我们之所以会停留在某一个层级，是因为我们还没有准备好为了继续向上攀升而放弃属于这一层级的某些东西。**我问斯科特，他是否准备好了要放弃他在黄色层最珍视的东西。斯科特问我，那是什么，我回答他："自由。"

身处黄色层时，我们可以自由地改变心意，随时做自己想做的事。你会处于聚光灯的中心，地位重要，无可取代。你需要对你的团队报告工作进度，并且按计划行事。这会让你感觉像是一种倒退。但是，如果你无法创造一种让团队和谐高效运作的节奏，你永远也无法带领团队获得成功。

身处绿色层的时候，对你而言最重要的事情是为团队提供支持。你需要给予他人权利，让他们比你更用心地思考如何推动你的事业迈向成功。一旦你在财富事业层内攀升到更高的层级（蓝色层，在那里你会拥有多个团队和多股财富流），你将重获自由，还能获得一股大得多的财富流。

斯科特认真听了我的话，并且承诺，让所有借口烟消云散。

他之所以找第一个借口，是因为他把公司的业务设计成围绕自己展开，没有以文件的形式明确各个岗位的角色、期望和职责。如此一来，其他人也就不可能参与并接管他的管理工作。为了克服这个障碍，我建议他把他的角色分解成了若干项工作，每项工作都可以找到做得比他更棒的人。然后，我建议他新设了一个职位，这个职位将会吸引的不是愿意追随他的人才，而是能独立承担更多责任的人才。

他之所以找第二个借口，是因为他设计的商业模型可以帮他赚到足够自己生活的钱，却没有更多的资金预算用于培养管理者。于是，我帮助他重新设计了商业模型，以确保拥有足够的资金雇用并培养优秀的人才。

他之所以找第三个借口，是因为他原先把自己的日程安排得很满，即使愿意给别人做培训，也没有多余的时间。于是，我帮助他重新制订了计划。这样，他在打拼事业的同时也有时间陪伴家人或者旅行。

不到 12 个月，斯科特就从原先的在 3 项经营不善的业务间挣扎，摇身一变为顺利运营一项价值数百万美元的业务。

第一步：创建自己的事业

- 不要一直相信你是唯一一个可以领导公司的人，也不要一直制订只有你才可以执行的策略。
- 以一个团队为中心创建你的公司，确保这个团队拥有不同于你的其他 3 种财富优势类型的领导者。当你在前线领导公司发展时，他们会与你共同管理公司，包括制订整体策略、标准、政策、流程与财务制度。这样，你就可以运用你的天赋推动团队获得成功。

身处绿色层的火焰型天才所采取的第一步就是，给予公司一个比自己身份更强大的身份，并且明确计划 3 年后要创造多大的财富流：

- 市场定位是什么？
- 有多少消费者？
- 收入与利润是多少？
- 它将会传递给消费者多大的价值？

◆ 公司将会拥有什么样的市场价值？

◆ 团队的规模和素质如何？

◆ 你需要什么样的财务系统？

◆ 文化、服务、培训、合作与沟通分别是什么？

下一步是创建支持那股财富流的项目。如果你身处黄色层，这项任务听起来就有些困难了，因为你已经习惯于独自一人解决所有的问题。但是在绿色层时，你拥有一整个团队和你一起解决问题，你不再是单打独斗。

一开始，我请斯科特对其所处的整个市场进行了重新思考。众所周知，火焰型天才很容易被自己遇到的新机会和新结识的人分散注意力。为了攀升到绿色层，斯科特对他的火焰型能量进行了重新分配，转而优先关注他最重要的客户，他的团队以及计划。

最开始，斯科特评估了哪个国家拥有最大的投资吸引力。当澳大利亚房地产市场陷入泥沼的时候，斯科特的许多客户纷纷撤资。于是，斯科特就去拜访那些业绩排前 5% 的客户，问他们要如何才愿意重新和他一起投资。他把澳大利亚的房地产市场和全球多个房地产市场进行了对比，最后选择了美国市场。

之后，斯科特设计了一个商业模型。借助这个模型，他就可以雇用一个领导团队，一些美国房地产行业的合伙人，以及一个南非的销售团队。从第一天起，他就建立了一个没有他也能正常运作的模型，不必工作也能赚钱了。

第二步：调整你的节奏

◆ 不根据自己的时间框架推进工作，没有提前制订一份关于自己工作和生活的清晰计划。

◆ 确定一种制度，将权力下放给团队。它还可以让你不断自检，并且敦促你像管理团队一样管理自己。

斯科特刚为他的公司确定了新的方向，就制订了一份计划，确定了南非和美国业务的时间分配，分析出团队还需要什么样的成员，并且确定了他们将如何衡量自己取得的成功。

到斯科特第一次美国之行时，他已经从客户那获得了关于投资意向的软承诺。这帮助他缩小了可能为他找到投资合伙人的范围。在这之后，斯科特充分发挥自己的火焰型交际能力，同时让团队成员完成其他的工作。就这样，仅仅过了 6 个月，他就完成了第一笔交易。

接着，团队制订出了公司的全年计划，并把计划转化为升级项目，并且在南非召开了几场投资者大会，也组织了几场“投资者美国之旅”活动。

所有这些，不是斯科特而是他的团队完成的。像大多数火焰型天才一样，斯科特总是对人们的潜力抱持过于乐观的态度。短期来看，这会对团队起到激励作用，但如果目标不现实，那他的态度就不利于对团队进行长期激励。当斯科特把他的火焰型天赋运用到别处后，团队就能根据自己的实际能力重新制订目标，而非像之前那样听从斯科特为他们制订目标。

结果如何？他的团队找到了全新的、更新颖的实现销售目标的方法，这种方法适用于每一种类型的天才。而且，他们逐渐开始接管原先斯科特独自一人承担的系统开发和财务管理的任务。

当团队成员被授予更多以自己的节奏办事的权力，他们就会找到更多方法，为斯科特留出更多时间和最重要的客户联系，以扩展公司的财富流。

现在，斯科特的团队拥有了一种清晰的新节奏，接下来就是第三个步骤。

第三步：协调你的行动

- 不要忽视市场环境和团队的状态，一味按照自己的节奏推进事务（这样会把他们逼到极限）。
- 使你的团队、计划和市场节奏以及行业节奏保持一致。调整自己的步速，使其与市场流、行业流以及你的合伙人的活动保持同步。

在找到一个新的关注点、一套新的商业模型和一个积极主动的团队后，斯科特开始组建新的领导团队和销售团队，负责管理已经开启的财富流。比如，他把业务的年度周期设计成和市场的季节性波动周期同步。他也思考总结出了公司的各个岗位需要什么样的人才，以及需要拥有什么优势。他还重新规划自己的时间分配，以便在公司最需要自己时出现。

接着，团队根据大部分投资者的时间安排，制订了“美国之行”活动计划，以争取到最多的人出席。他们在南非和美国找到了合作者分担营销工作，并且提高了提供给客户的房产投资项目的质量。这使得他们能够集中精力，去寻找把客户和适合的投资项目相匹配的最有效方式。

有了这个团队负责公司的运营，斯科特就有时间留在自己的财富流中，和最重要的客户联系，从而为公司赚取更多收入，为自己赚到更多现金。

没过多久，财富流已经漫延到澳大利亚市场之外。在抛弃所有借口一年之后，斯科特在一个新的国家创办了一家新公司。他超越了自己的销售目标，并且在南非开发了一批全新的投资者。最重要的是，他找到了对结果而不是对过程的掌控感。

节奏型天才：尽情发挥统筹管理天赋

火焰型天才应该在公司内担当能发挥他们沟通和营销能力的角色，而节奏型天才则应该在承担服务或交易角色时，以最快的速度进入财富流。这意味着，他们会时刻留意市场动向，同时寻找他人领导公司。这就是我的妻子雷娜特在我们增加现金流、并且开始推行黄色层升级计划时所做的事。

通过创办一家控股公司，并且对我们提供服务的每一项业务收费，我们的正向现金流已经从 6 400 美元增加到了 12 800 美元。这帮了个体房产经纪雷娜特一个忙，因为她的收入不太稳定。通过把海外租赁纳入每月计划，雷娜特把现金流从个人导向了公司。这样一来，她就可以通过集中精力促进成交来赚取企业管理费用。为了攀升到绿色层，我首先对出版和会议业务进行了调整，让公司做到离开我也能正常运转。接下来是雷娜特的新加坡的海外租赁和巴厘岛的愿景假日度假村。以下是雷娜特为了攀升到绿色层而开始做的事情。

第一步：创建自己的事业

- 不要让自己总是忙于日常活动，要抽时间把团队聚集起来，并给他们分配一项更高级的任务：建立一个更强大的商业模型。
- 选择适合的火焰型天才负责市场营销，选择适合的发电机型天才制订策略，选择适合的钢铁型天才管理公司财务，而你自己负责平衡所有事务。

从黄色层攀升到绿色层，需要你的公司比你拥有更强的吸引力。你的公司需要成为某个领域的佼佼者，如果其规模过小还不足以成为佼佼者，那就缩小你之前选定的利基市场，直到它成为佼佼者为止。比如，雷娜特为海外租赁确定的利基市场是租金等于或大于 3 000 美元的市场，也就是新加坡的高端住宅租赁市场。

雷娜特的客户是通过和她一起从事房产经纪工作的代理人，以及我的出版公司的姐妹出版物《海外生活》（*Expat Living*）认识我们的。雷娜特还通过她母亲的人际网络里遇到了一些朋友，从中吸引了两位非常能干的经理：德博拉·劳成了海外租赁公司的总经理，丽贝卡·比塞特成了《海外生活》杂志的总编与出版人。

在我们从新加坡搬去巴厘岛时，丽贝卡和德博拉分别带领的两家公司都在盈利。如今两家公司都在新加坡持续成长。

同时，随着海外租赁公司从黄色层上升到了绿色层，雷娜特就获得了更多时间创办另一家适合发挥自己能力的公司。当我们搬去巴厘岛，找到了梦想中的度假屋时，雷娜特开始负责员工管理。首先，她创建了一家拥有独特身份的公司 “愿景假日度假村”。这个度假村将成为一家和约翰·福西特基金会（John Fawcett Foundation）具有合作关系的企业。约翰·福西特基金会一直在为巴厘岛人做白内障手术，帮助人们恢复视力。

作为研讨会参与者的休息场所，愿景假日度假村成了一个产生愿景与实现愿景的地方。这个度假村对个人发展与领导力发展的关注，使它在岛上众多其他度假村里显得非常独特。现在，雷娜特开始思考度假村的下一步。

第二步：调整你的节奏

- 不要陷入忙碌的日常工作，以至于无法为团队确定一种长期节奏，或是一种能让团队支持和促进公司发展的策略，多与别人交流。

- 把你在公司里的职务视为公司整体运转中的一个组成部分。对于不太擅长的事情要坚定地拒绝，让自己专注于确定服务标准、维系公司文化，以及保持公司内的平衡。

黄色层合奏者倾向于开拓一些需要发挥他们独特能力的复杂业务。攀升到绿色层则意味着需要简化商业模型。这样，新的领导者就更容易熟悉这套商业模型，并在其基础上接管公司的运营事务。

我们的度假村就是这样的一个例子。正如我之前提过，雷娜特运用先前的工作经验（我们在伦敦的时候，雷娜特在一家处于绿色层的医院工作，是其中一个团队的成员）为自己创造成功。后来，雷娜特开始集中思考要如何为客户提供服务，并确定了一系列营销计划。这个计划让我们相信，开业之后会有现金流流入。然后，我们雇用了比我俩都拥有更丰富度假村管理经验的经理。最初，我们只雇用了总经理瓦扬·苏亚马；接着，他雇用了财务主管、运营主管和前厅主管；然后，这些主管负责雇用其他员工。

接下来，雷娜特制订了一个周计划。这个计划在让团队负责度假村的具体运营与发展的同时，让她每周都能运用自己的节奏型天赋检查细节。接下来，就到了实行第三步的时候。

第三步：协调你的行动

- 不要让自己整日忙忙碌碌，花费大部分时间应对周围的事情，并随着行动的推进改变计划。
- 花些时间制订策略，让自己总是先行一步，最大化地利用市场趋势。

如果你的公司和市场的步伐无法保持协调一致，将无法驾驭市场的浪潮。但是，节奏型天才不应该负责确定一家公司的策略，因为那不是你的强项。

让其他人制订策略，你后期可以质疑、继续推进并进行调整。这对于你的天赋和整个团队来说，都是一条更高效的道路。如此一来，你就可以运用自己的敏锐感觉，把其他人制订的策略调整成一个能把你的公司和市场相联系的清晰计划。

随着市场的成熟，雷娜特负责的两家公司也逐渐发展成长起来。随着越来越多侨民在新加坡购买房产，海外租赁变成了海外房屋中介，其业务范围也从租赁扩展到了销售。随着企业家市场不断扩大，愿景假日度假村从一个研讨会成员的休憩场所，发展成了一个企业家的度假圣地，还为企业家开发了为期一个月的加速器项目。

最重要的部分超出了绿色层的范围：黄色层的公司不能轻易出手，所以其发展依赖于独奏者的运作。而绿色层的公司建立的是资本价值，这意味着在需要时,可以把公司的部分或全部股份出售。要理解这一点，就要理解资产是如何增长的，以及是如何被购入与出售的。对这方面的认识，将带领你向蓝色层及更高的层级迈进。

了解了市场的潮起潮落，并拥有组建与发展团队的技巧后，雷娜特和我在经营事业的过程中，学到了让我们的步调保持一致的重要性。通常的情况下，团队中的一位成员会发展进步，其他人则原地踏步，距离越拉越远。通过发挥我们各自的天赋，共同成长，我们理解了对方经历的旅程，也学会了如何共同应对变化与挑战。

正如我更早些时候说过的，在财富光灯塔上攀升并不会解决你所有的问题。雷娜特和我眼前仍然存在挑战。斯科特也面临一些挑战。但是，随着你的层级不断升高，以及随之而来的越来越大的挑战，你将获得更多资源帮助你应对它们。你在财富金字塔上每升高一个层级，就会找到更多资源。所以，你不会陷入僵局，也不必苦苦等待你不拥有的东西出现，因为你的资源会变得更加丰富。

钢铁型天才：把财富流与市场流连起来

有时，成为一名黄色层独奏者还不够，特别是如果你所在的行业正处于不断变化之中。当我和沃恩·克莱尔见面的时候，他几乎已经走到了绝路。他一直在为大公司安装复杂的销售网点系统。开始是被雇用，后来自己出来单干，承包大公司的工作。2012 年，当我和他见面的时候，他和澳大利亚邮政公司（Australia Post）的最后一单即将完成,而他干了一辈子的这份事业也快走到了头。他曾经是一名高薪顾问，但大规模订单时代已经成为过去。现在，公司都已从自行开发复杂技术转变成从计算机云端租用服务。

当我开始指导沃恩的时候，他刚刚从业务不找自来的黄色层掉落到橘色层。当你在橘色层的时候，你是一名劳动者，需要和其他人一样找工作来做。你已经失去了个人品牌和身份，而正是这些东西让人们发现你和你提供的独一无二的产品或服务。

沃恩知道是时候做出改变了，而且他需要一个答案。但是，如果一名钢铁型天才最擅长的不是想出创新经营理念，那么他要如何让自己转变成为绿色层合奏者？实际上，他需要的不是试着变成像我这样的发电机型天才，而是用符合自己天赋的方式实践。

第一步：创建自己的事业

- 不要在事情还没启动之前就被自己的完美主义情结困住；不要期望掌控公司的方方面面；不要坚持老想法老做法，阻碍公司发展。
- 找到能和你产生共振的商业模型，也就是那些能借助你的细节观察能力，以及分析与系统化的能力创造价值、增加收益与财富流的商业模型。

当我指导沃恩撰写他的未来愿景，并且引导他想象自己未来的模样时，他最兴奋的是移动支付的新浪潮。在此之前，他一直把移动支付视为威胁。这种想法让他感到害怕，而不是兴奋。现在，他萌生了一个新念头：他要成为这股新浪潮的领导者。正是这个念头，激发了他的能量。

沃恩想象着自己想加入的理想中的公司：新移动支付领域行业的领军公司。他“创建了自己的事业”。

之后，他没有独自一人创办一家公司，而是思考如何在这个行业里为自己找到一个适合的位置。他不想成为公司的领导者，而是想成为公司里的技术和运营专家。

沃恩在移动支付行业为自己找了一个定位：领先学习者。过去，人们总在寻找“导师”：某个领域内的专家，拥有可以分享的知识。如今，导师已经无法满足人们的需要了。依靠旧知识会让你拥有过时并且脱离现实的思想。现在，所有人都在寻找领先学习者，也就是某个领域的先驱。

沃恩在社交媒体上注册了一个账号，然后开通了一个博客，发布关于移动支付的最新消息。他创建了一份邮件简报，与那些感兴趣的人分享知识。这样一来，在电子支付领域里，有的人发现沃恩的简报和博客非常有趣，然后分享给行业内的其他人。

此后，沃恩一直在和公众分享他学习到的知识。不到 6 个月的时间，澳大利亚零售商的希望、新移动支付系统领域内的领导者黑标解决方案（Black Label Solutions）就和他取得了联系。他们发现，沃恩分享的知识很有趣，希望他负责开发公司的新移动支付项目。这家公司符合沃恩对理想公司的期待。

他加入了他们的团队，成为公司的首席技术官（CTO）。通过这次行动，沃恩立刻就找到了自己梦想中的东家，而不需要经历艰辛的创业历程。

第二步：调整你的节奏

- 不要钻牛角尖，想在行动前找出所有的答案；也不要独自一人做出判断，请加入一个高效的团队。
- 用眼睛观察细节，制订一个计划。你和团队中的每个人都被赋予了一定的权利，遵循某种节奏。

沃恩已经通过开通博客和创建邮件简报开启了一种节奏。但是，当他开始担任首席技术官时，他会通过制订高效发展的战略部署、行动步骤和标准来为发电机型 CEO 提供支持。沃恩为企业的不同业务领域制订了政策和流程。

通过定位于“领先学习者”，并且在担任首席技术官的同时维持这一定位，沃恩一直在持续了解美国和欧洲移动支付公司所运用的最前沿商业模型。这样一来，他就不再需要从头开始，而是可以参考这个新行业里已经存在的经营模式。后来，这家公司赢得了一个大订单，为澳大利亚一家大型银行的零售客户提供移动支付解决方案，开辟了一条快速增长的道路。可靠交付是这个行业发展的关键，而这也是钢铁型天才的强项。

第三步：协调你的行动

- 不要太专注于内在，不要把所有的时间花在回顾你自己的方法和表现上。
- 花些时间了解外部情况，并且把你的财富流和市场流连接在一起。

钢铁型天才最擅长筹措资金，因为他们可以向潜在投资者准确地呈现数字和细节。这件事非常适合沃恩：他走出黄色层的最后一步，也是黑标解决方案的下一步，就是筹措资金维持公司的高速发展。

沃恩负责领导筹措资金的任务。但是，黑标公司在澳大利亚对高科技初创企业的移动支付的资金筹措业务才刚刚起步。此时，天使投资和风险投资行业正处于"冬季"，不太适合"播种"！于是，沃恩把目光投向了海外市场。此时，欧洲和美国的移动支付市场正处于生机勃勃的"春季"，沃恩和已经往移动支付市场投入资金的投资者取得了联系。此举不仅提高了公司的形象，也提高了沃恩在这个行业的国际地位。沃恩知道，如今，随着沟通与合作的不断深入，创办一家国际公司比创办本地公司更容易，因为不再受到本地市场发展状况的限制。世界上总有一些地方，有一些人所处的市场恰好适合你的企业与天赋发展。你可以从他们身上学习，并与他们建立合作关系。

如今，在一个快速发展的行业中，沃恩拥有广阔的发展前景。他不需要创办自己的公司，而是在自己理想的企业团队中工作。他的方法是，把关注重点从应该抓住什么样的机会，转向确立一个极具吸引力的身份。然后，机会就会叩响他的大门。

发电机型天才：让团队吸引力远超你的个人魅力

马特·里曼经营着一家物理治疗、按摩与健身会所，总是忙着接待客户，而且多年来一直在努力"从事"而非"经营"业务。这种做法对公司的发展壮大并没有帮助。大家都来找他做治疗，这让他的日程每天都排得很满，无法从这些日常工作中脱身。他想拥有一些"超人时间"，同时保证公司收入不会受到大的影响。

他要如何做才能从黄色层攀升到绿色层呢？要如何给一辆正在行驶的公共汽车更换轮胎呢？我给马特提供辅导，和他一起列出了他面临的 3 个最大的障碍：

- 马特需要整天待在会所工作，才能赚到足以支付账单的钱，所以他没有时间思考经营策略的问题。
- 客户都想找马特，所以即便他雇用了多位理疗师和按摩师，他也总是最忙的那个。
- 马特的团队没有丰富的管理经验，所以他不确定自己可以把身上肩负的多少任务分派给他们，或是自己是否应该雇用一名总经理。

每个人，从你的客户到团队成员再到合作者，都会按照你为他们展现的习惯和期待行事。通过遵循离开黄色层的 3 个步骤，马特改变了他的会所的运营状况。不到一年的时间，他就已经可以做到大部分时间都不待在会所，同时盈利变得更多。

第一步：创建自己的事业

- 不要让自己困在一个什么事情都需要依赖你的地方。在这里，你总是要率先行动，按照你自己的节奏推进事务，把所有人甩在后面。
- 把大家的注意力从你身上转移到公司身上，使你的公司成为一个比你更具有影响力的品牌，获得比你更多的注意力，赋予你的团队独立行动与推进事务的权力。

我和马特首先做的是，描绘他的未来愿景和他想过的生活。他希望经营多家公司，拥有更多冒险的时间，成为尖端健康领域内的全球领导者。然后，我们确立了他公司独特的利基市场：体育健身行业领导者。我们发现，他最大的客户是运动机构。这些运动机构的所有运动员都会成为他的客户。了解了自己的利基市场之后，马特要如何做才能针对这些运动机构展开营销？他要如何包装自己的产品，使自己的成为该区域所有运动机构的第一选择？我们确定了马特的个人目标：花多少时间为客户提供服务以及制订财务目标。

接下来，我们为公司创造了一个绿色层模型。在这个模型中，马特为由自己提供的服务定一个比助理理疗师高得多的价格。这样他就可以花更短的时间，赚更多的钱，并且让其他理疗师看到自己未来的职业发展道路：只要他们能达到马特的层级，就可以赚得和他一样多。这样一来，理疗师的工作积极性立即提升了不少。他们知道，通过提高技术水平和扩展客户群，自己可以赚到更多收入。现在，他们找到了让马特转换角色的动力，而不需要另找东家了。

马特最担心的是，他的客户对于提价怎么想。当他公布新收费结构时，他很惊讶听到很多人说："该是时候了。"如果你已经处于疲于应付大量客户的状态，你的客户肯定已经知道你目前的收费太低了。不到 3 个月，马特就把每周为客户提供服务的时间缩减到了 2 天，而且公司的收入和利润变得比之前更高。

这样，马特就可以利用剩下的时间，解决理疗师在接受培训之后流失的问题。他把这个问题转变成了一个机遇：他创建了一家按摩与理疗学校，为新聘用的理疗师提供在职培训：客户只需支付实习生的价格。这为他吸引了一批新理疗师，这些理疗师成了马特的利润中心，而非成本中心。即使所有的新理疗师最后都离开了，他依然能赚到钱，而且不需要每周工作 5 天。结果，在马特设计这条新的职业发展道路之后，新理疗师在接受培训之后大多表示，希望在公司继续任职。这样，马特就可以从这些理疗师中选择表现最好的人聘用为正式员工。

第二步：调整你的节奏

◆ 不要不断冒出一些新点子，试图开创新的发展道路；也不要在想法刚形成的时候就付诸实施，然后在实施途中再改弦更张。

- 和他人一起合作，特别是团队里的节奏型天才和钢铁型天才。共同创造一个每个人都可以追随的节奏。当你制订策略、营销计划，确立里程碑，改变方法时，确保每个人都知道。

由于拥有一个团队，马特拥有足够的时间发挥自己的创造力，逐个解决自己面临的问题，并思考经营策略。不到 6 个月的时间，马特就创立了一个忠诚计划，设计出了新的客户服务流程，并且为团队创造了愿景和文化。制订好这些新策略之后，是时候向团队授权。马特首先召开了一场团队会议，和成员分享他的愿景。

之前，马特从未和他的团队分享过他的经营策略。他们听了会怎么想？当从一个层级迈向另一个层级的各个步骤时，最担心的其实是，身边的人是否支持我们。比如，如果人们不愿意为我的服务付更高的费用怎么办？如果我的团队认为我只是想偷懒少做事怎么办？如果他们认为我把我的生意太当回事了怎么办？

正如你所猜测的那样，用马特的话来说，第一场会议“进行得不太顺利”。一开始，他尝试向团队成员解释公司策略，但是他们一脸茫然。接着，马特中途决定把会议变成一次朋友般的聚会。

然后，我和马特深入探讨了“为什么”的力量。马特需要和团队成员分享他关于公司的梦想，并且吸引他们加入实现梦想的队伍。他要想清楚为什么他希望和团队成员分享领导地位，以及这意味着大家要承担什么样的额外责任。几周之后，马特再次把团队成员召集到了一起，问他们谁打算和他一起玩一局更大的游戏。令他惊讶的是，团队里的许多人都受到他愿景的鼓舞，准备好追随他一起前进。在接下来的 3 个月里，团队设立了一种制度，使他们能监督自己和公司的表现。

最近，在度过了业务最成功的一年之后，马特带着他的整个团队去巴厘岛度假。现在，他已经把黄色层的一项特权（经营生意，然后去天堂般的地方庆祝），升级成了绿色层的一项特权（和团队一起经营生意，然后把大家都带去天堂般的地方庆祝）。

第三步：协调你的行动

- 不要太专注于内在，而把自己的所有时间都用在回顾自己的方法和表现上。
- 利用自己的时间了解外部情况，并且把你的财富流和市场流连接在一起。

每个层级的第三步都和流有关。为了上升到黄色层，你需要把你的重要时刻兑换成金钱，通过一项升级计划预测你的现金流，然后在实行过程中不断测试与测量。在绿色层时，协调你的行动，意味着挑选最好的时机推行你的营销计划，以实现最佳效果。

在拥有更多自由支配的时间之后，马特开始向内观察，发现自己对未来医学与个性化健康领域内的开拓性工作越来越感兴趣。现在，他的业务可以保持绿色层的盈利状态。在陷入停滞状态之后不到一年的时间，马特又重新获得了时间和资金，进行了一次新的冒险。这就是发电机型天才热爱的事情。

马特和最新医疗技术和个性化医疗领域内的先锋人物取得了联系，成了重要国际会议的常客。他参加了硅谷的未来医学项目，也曾受邀在联合国发表演讲，并且向美国军队提出有关个人健康方面的建议。现在，马特正在和领域内的专家共同研究突破性的移动 DNA 和体型分析仪。他全身心地投入了自己的流，努力实现自己的人生使命：创造一个没有痛苦的世界。

当创富的最大成本是“人”

尝试从黄色层继续向上攀升的人常会遇到的问题，同时也是上述故事的主人公向我提出的最重要的问题。这个问题和成本有关：当一个升级项目最大的成本是人的时候，你要如何进行成本管理？你要如何在合适的层级找到合适的人来管理你的公司？

答案是，根据你建立合作关系和协议的方式，分别对应 3 种和他人一起工作的方式。记住我们曾经在第 5 章探讨过的财富公式：

财富 = 价值 × 杠杆率

当你建立合作关系时，合作者会是等式中 3 种变量之一。

成本原则者

对于成本原则者，你需要雇用他们，然后向他们支付报酬。这就是我们对雇用这件事情的传统观念。在财富公式里，符合成本原则的人，就是你认为会为团队增加价值的人，但这也意味着你需要提高杠杆率，并且想办法赚更多的钱来支付他们的报酬。

当你刚刚到达黄色时，你需要把参与营销计划的成本原则的员工数降到最少。符合成本原则的人通常处于财富基层。他们希望根据合同约定，通过进行某项活动或完成某项可交付的成果而挣得薪金或报酬。

收益原则者

对于收益原则者，你会和他们合作，而且他们可能已经身处黄色或绿色层。他们愿意为了分得部分收益而推行一项升级计划。他们知道如何撬动你的价值杠杆，并且不需要你付出任何代价。所有市场营销和业务合作伙伴都是按照这样的方式运作的。大部分经销商和零售商，以及所有的“可退货”的经销合作都采取这种运作方式。比如，斯科特的收益原则合作者是销售和市场营销合作伙伴，雷娜特的则是房产经纪人。这让他们可以在不增加开销的情况下发展。你面临的挑战是，确定自己拥有他们可以“撬动”的价值。这意味着你需要提升品牌知名度或产品品质。这样，市场中最优秀的独奏者都会更愿意和你合作。

利润原则者

随着你在财富金字塔上不断攀升，你会寻找利润原则者加入你的团队。利润原则者知道如何运营一个有利可图的升级计划，并雇用适合的团队以实现目标收益。利润原则者是在增加价值和撬动价值杠杆方面都有经验的领导者。问题是，大部分利润原则者要不就是在经营自己的生意，要不就是领着你付不起的高薪的绿色层合奏者。根据财富等式，吸引和留住利润原则者的方法就是，在他们增加价值和杠杆率的时候，累积自己的财富。

记住，财富不是你有多少钱；财富是当你失去了所有钱之后还剩下来的东西。财富是你的业绩记录、人际关系、掌握的资源和市场中的个人品牌。

这就是为什么攀登财富金字塔那么重要。在适合的层级吸引到你需要的人之前，你首先要获得吸引这些人的权利。橘色层劳动者没有吸引收益原则者和利润原则者的权利；黄色层独奏者已经获得了吸引其他收益原则者的权利，但还没有获得吸引利润原则的合奏者的权利；绿色层合奏者已经获得了吸引收益原则独奏者和成本原则劳动者、并且和他们建立合作关系的权利;蓝色层指挥家已经获得了吸引利润原则合奏者、让他们为自己管理投资组合和企业的财富流的权利。这就是持续获得财务自由的关键。你需要多个团队帮你管理多股财富流。

那么你呢?目前你是作为一名成本原则者在工作吗?还是已经升级成为收益原则者,和其他人合作推进升级项目,分享其中的风险与收益?抑或是已经能作为一名利润原则者经营公司,可以为一名绿色层合奏者或蓝色层指挥家提供价值,为他们创造利润,和他们分享收益?

不论你是谁,一定要记住最适合自己走的道路,而且正在经营一项适合自己发挥天赋的事业。当然,由于 4 种类型天才离开黄色层的道路不同,他们获得最大成功的事业类型也各不同。

4 种事业类型,哪种最适合你的财富优势?

太多人因为盲目复制让他人获得成功但不适合发挥自己天赋的方法,而最终被困在黄色层或遭遇彻底的失败。所有公司和投资项目都在这 4 种类型之列:产品导向、市场导向、地点导向与平台导向。这 4 种类型的公司和投资项目构建了一个行业生态系统,随着某个行业的四季变化,能量会从一种类型的公司和投资项目转移到另一种。

发电机型天才适合经营产品导向型事业

在任何行业的“春季”,坐在驾驶座上的,都是拥有创新产品的人和公司。对于这些公司来说,设置关键度量指标的基础是,期望销售多少产品以及人们会出多少钱来购买这些产品。比如,在个人与职业发展行业的初级阶段,那些有实力的人可以收取最高的费用并且主导市场。开始是拿破仑·希尔和戴尔·卡耐基,后来是托尼·罗宾斯和史蒂芬·柯维。他们都是经营着产品导向型事业的发电机型天才。

当发电机型天才领导初创企业，以及身处快速变化的创意公司的时候，他们会活跃起来。当经营一份产品导向事业时，他们真的会发光。当他们和市场导向的公司合作，以及把工作外包给另外两种类型的公司（见下文）时，他们的业务会发展得更快，因为他们具备了支持事业发展的基础。

火焰型天才适合经营市场导向型事业

在一个行业的“夏季”，能量中心从产品导向型公司转移到了市场导向型公司。当面对众多可供选择的产品时，人们更愿意聚集在和他们有相似想法的人身边，这样就可以了解最新最棒的产品。因此，市场导向型公司设置关键度量指标的基础不是你销售了多少产品，而是你拥有多少客户以及你为每位客户提供的所有产品和服务的终身价值。随着个人与职业发展行业发展到“夏季”，能够选择内容创造者的，是企业家网络和活动组织者。

火焰型天才在夏天可以快速发展，因为他们总是尽力和团队以及客户保持良好的关系。他们想知道客户想要什么，然后找到可以提供这些东西的产品导向型合作伙伴。他们也会寻找合适的地点导向型公司并与之合作，然后就可以在有需要时改变地点。

如果你是一名火焰型天才，在任何行业，可能你都可以在和人们联系以及担任领导者时发挥重要价值。但当你领导市场导向型公司时，你也可以集中精力研究，如何为每位消费者创造终身价值。

节奏型天才适合经营地点导向型事业

在一个行业的“秋季”，能量从市场导向型公司转移到了地点导向型公司。这时，会出现许多团体。他们消费大量产品，而且都在寻找一个归宿。这时，会出现足够多的市场导向型公司。它们产品的消费者可能会聚集在某个地点如市场、购物中心。比如，对于个人发展行业来说，就是酒店和会议厅。地点导向型公司设置关键度量指标的基础，不是你拥有多少客户，而是你对地点资产的利用率。在酒店行业里，指的就是入住率。在零售业，指的是你能在每平方米赚到的收益。你吸引到的市场导向型业务越多，你的利用率就越高。拥有最佳经营地点的人就能赚大钱。

当发现个人与职业发展行业进入秋季时，我们就把巴厘岛的度假屋变成了企业家精神与领导力的培训场所。我们会吸引其他活动组织者，而且降低举办活动的成本，因为场所归我们所有。现在，我们计划要在全世界开办更多企业家度假胜地，支持企业家们开展全球业务。这样，他们就可以在任何地方工作和学习。

像雷娜特那样的节奏型天才非常适合经营这项业务，因为当运用自己的感官和知觉为接连不断的活动提供服务时，她的表现最出色。无论是在一家餐馆，一家医院，还是在股票市场的交易大厅，当节奏型天才在活动现场时，他们就身处财富流中。如果你是一名节奏型天才，无论身处哪个行业，你都可以为你的团队打下坚实的基础。但是，当你身处一个地点导向型环境中时，你真的会发光发亮。

钢铁型天才适合经营平台导向型事业

在一个行业的“冬季”，能量会从地点导向型公司移动到平台导向型公司。虽然大家都了解产品，拥有团队和会议场所，而且都在提高效率，寻找更低价格。但能量依然会转移到平台导向型公司，因为它们具有能提高效率、速度并且降低成本的系统。平台导向的公司，不论是像 UPS 那样的快递公司还是像谷歌那样的互联网公司，都是通过从每笔交易中提成赚钱。他们的关键度量指标是交易的数量以及从中赚到的佣金，而无论与谁交易，也不管交易的产品和地点如何。

随着客户知道他们可以直接从博客、YouTube、书本或播客获取任何信息，个人与职业发展行业正在步入冬季。每个人都在寻找更聪明、更简单的方式获取自己所需要的信息。这本书和我们的网络学习平台GeniusU，正在提供服务支持这种转变，也在满足如今我们都具有的过滤信息、明辨方向的需要。如果你是一名钢铁型天才，你可以凭借你对细节的关注为任何团队增加价值。但是当你进入一家平台导向型公司，你会以最快的速度获得成功。

4种天才天生拥有一条能最有效地创造财富的道路。在你振作精神、增加财富、提高创造财富能力的过程中，你也提高了自己贡献财富的能力。我们所有人都拥有从今天开始做出贡献的能力。

上位前检查清单：绿色层

你准备好从黄色层攀升到绿色层，并重新规划利用你的时间了吗？你的等级如何？填写完之后就努力把“否”转变成“是”。

创建自己的事业

1. 我拥有一个独特而吸引人的企业承诺，可以吸引客户与资源。

□是 □否

2. 我拥有一个能雇用得起一个领导团队的商业模型，以及一份规划了明确航线的团队纲领。

□是 □否

3. 我已经选择并授权一个领导团队，根据清晰的里程碑和财务目标领导公司的发展。

□是 □否

调整你的节奏

1. 我遵循着一种节奏，每年都会回顾并更新我的计划、升级项目、项目和流程。

□是 □否

2. 我遵循着一种让我处于财富流中的节奏，同时团队也拥有使每位成员都处于财富流中的周节奏和日节奏。

□是 □否

3. 我拥有一个驾驶舱，在其中可以找到所有的方法和里程碑。我还拥有一个让我保持在航道上飞行的系统。

□是 □否

协调你的行动

1. 我了解我的能力和优势，而且已经根据我的能力找到了适合自己的职位，让自己留在财富流中。

□是 □否

2. 我知道自己事业所处的阶段，而且正在努力保持一种适合这个阶段的行动频率。

□是 □否

3. 我知道自己行业所处的季节，而且我正在根据这个季节管理我的期待和升级计划。

□是 □否

本章概要

1. 黄色层是财富事业层的第一个层级，这个层级的所有事情都要仰赖你才能顺利推进。

   黄色层给了你活动的自由，但需要你持续监督，让金钱保持流动。

   在绿色层，你的公司可以在你不参与的情况下正常运转。

2. 你可以通过以下 3 个步骤离开黄色层：

   ◆ 创建自己的事业

   ◆ 完善你的节奏

   ◆ 协调你的行动

3. 遵循这 3 个步骤，每种天才都有不同的策略，运用这些策略，就可以发挥自己的天赋，同时获得团队中各位天才的支持。

4. 有 3 个借口阻碍着我们从黄色层攀升到绿色层：我找不到做得像我一样好的人；我雇不起优秀的员工；我太忙了，没有时间寻找并训练适合的人。

5. 你可以停留在黄色层，享受自由，但当你选择继续攀升时，你将学会管理团队和各种类型的人（成本原则、收益原则与利润原则），并最终创造出多股财富流。

6. 4 种类型的天才适合在 4 种不同类型的公司发展：产品导向型、市场导向型、地点导向型与平台导向型。所有行业都包含这 4 种类型的公司，它们会随着行业的季节变化经历兴衰。

把节奏调整成适合发挥优势的状态

处于黄色层的人，常会为自己可以随时做自己想做的事情而感到自豪。那也是为什么大部分黄色层独奏者在创建公司之后，很难避免把一切搞成一团糟。你的公司只有在管理与测量，回顾与更新的节奏下才能进入财富流。你的团队每周什么时候开会回顾关键指标？每月什么时候开会审核财务状况？每季度如何考察团队表现与项目进度？每年如何更新运营策略？黄色层独奏者常会过于频繁地更改策略，同时难以做到经常回顾关键指标，以使公司保持一定的发展节奏。当你把 5 种财富优势类型视为 5 种要素，再分别把 5 种要素视为 5 种频率，你就可以创造出一种可以使整个公司进入财富流的节奏（见图 6.1）。

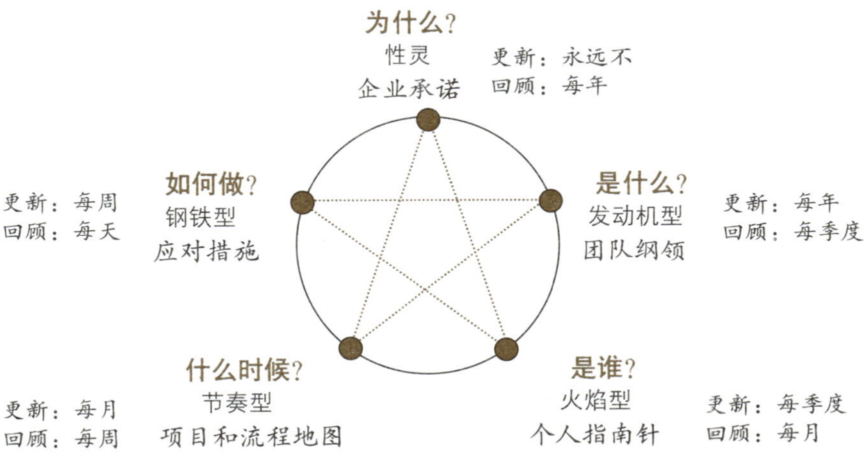

图 6.1　5 种节奏示意图

企业承诺："为什么？"

你的企业承诺就是你的"真北"：商业中的每项行动、每个计划都指向它。所有的频率都需要定期更新和回顾。企业承诺永远不需要更新，每年进行一次回顾。

如何用一句话表达你的企业承诺？你对这份承诺实现了多少？在未来的一年里，你将如何实现这份承诺？

当你把大家团结起来共同实现你的使命时，每年敲定一个时间来回答这些问题，回顾你的企业承诺（每年，我会组织公司领导层进行为其一周的非正式会议，回顾企业承诺，并根据它进行相应调整）。不要在中途突然做出调整，让其他人难以适应，等到进行年度回顾时再做出重要的策略决定。你的企业承诺就像公司的 DNA。如果你想出了一个不同的企业承诺，最好可以用这个 DNA 创建一家全新的公司。

团队纲领："是什么？"

很多公司制订了根本没人去看的 5 年计划或年度计划。事实是，这个世界正在以比以往快得多的速度发生变化，奋战在第一线的，是那些最能紧跟世界变化脚步的人。通过每 3 个月给大家一个机会回顾，为了实现企业承诺而采取的行动所取得的效果，可以让大家就有机会为即将到来的一个季度做好调整。降低回顾频率或经常调整方向，都会使整体频率变得和团队节奏格格不入。

你的团队纲领每年都需要更新，每季度都需要回顾。

未来一年你的团队纲领是什么？和你的团队制订一个计划，在给每个人分配工作之前，先确定目标是什么。一旦你在年度非正式会议上确定了你的计划，在每个季度末时安排季度回顾会议，回顾你的行动与计划不相符的地方。

个人指南针："谁？"

一家公司的每项升级计划和流程都需要有人主导。那意味着团队中的每个人都需要为一些里程碑和方法负责。个人指南针就像一种工作描述。但是，大部分工作描述都不是由担任这项工作的人撰写的。而且，只有当某人被雇用时，工作描述才会被查阅，而非被当作指南针用于指导个人按既定轨道行动。

你的员工已经用他们自己的个人指南针为自己赋权。不要让他们负责一个任务或一项职责，而要让他们主导一项升级计划。你的个人指南针需要每个季度更新一次，每个月回顾一次。

团队成员会根据自己在团队纲领里的角色和责任撰写自己的个人指南针。每个月召开个人回顾会议对个人指南针进行回顾，每个季度召开团队会议会对个人指南针进行更新。随着回顾他们的里程碑和方法的次数增加，他们会想出使自己保持在轨道上，并且在团队纲领中履行自己职责的解决方案。如果他们认为团队纲领中的里程碑和方法需要改变，他们就可以和团队一起做出改变。这种做法会向每个人授权，并且为你减轻需要随着团队成长做出一切决定的压力。

项目和流程地图："什么时候？"

在第 5 章，我解释过所有"流"是如何成为项目和流程的结果：项目会使流扩张或增强，流程则会维持流。项目是既有起点也有终点的里程碑，流程是方法，而且在不断变化中。团队中的每个人都拥有某一个项目的所有权（我们把所有的项目都转变成了升级项目），以及一项或多项流程的所有权。

你的项目与流程地图需要每月更新一次，每周回顾一次。

在经营业务的过程中，我总会尝试让流程自动进行或将其外包，同时注意方法。那给了我自由时间把精力集中在扩展或增强公司流的升级项目上。制订一份简单的项目与流程地图，团队成员们可以通过阅读这份地图了解各自的职责所在。每个月召开个人回顾会议对这份地图进行更新，每周召开半小时团队会议对这份地图进行回顾。你可以把这称为“团队碰头会”。

工作规范：“怎么做？”

每家公司都有一份共享文件，展示了公司里的关键措施。

你需要每周对工作规范进行回顾，每天对其进行更新（或即时更新）。

我确定我可以用手机和平板电脑了解每一项业务的经营状况，那样我就能即时了解每项业务的所有重要举措。每项举措都由相关负责人进行监督，而且在周会上，每个人都要报告他的工作情况，如何调整以及是否需要帮助。确定了这套方法之后，你每周都可以根据你的驾驶舱庆祝成功，而且可以看到所有事物是以何种频率与公司的 DNA 相连。这就是绿色层的思维方式。

拥有了一个可以增加自由支配时间的系统，你可以建立什么绿色层升级计划，邀请其他合奏者和你一起演奏？相比问“我怎么赚钱？”，请问一个问题“我如何才能帮其他人赚钱？”

第 7 章

如何上位到蓝色层？
从运动员转变为教练

迈克尔大幅涨租，房客纷纷搬往对面的香农路公寓。此举让他的下属疑惑不解，毕竟公司本来就已经盈利不菲。迈克尔对此的解释是：“只要保证了一定的入住率，并从房租中多赚 10 万美元，银行对这栋房产的估值就会提高 10 倍，而且会为我提供资金购买下一处房产。另外，香农路公寓也是我的。”

绿色层人群画像

判断标准：通过公司团队获得正向现金流

情感：有节奏；有文化

停留在这里的代价：社交活动；维护；自由

需要关注：权力和资本

我是如何到达这里的？互相依赖；准备充分；心怀抱负

我要如何攀升？稳固你的权威地位；完善流程；保持平衡

恭喜你抵达财富金字塔的中段！绿色层位于财富金字塔的中间位置，但它只代表你已经走了多远，不能指明你还需要前进多久。在这里，你可以看到蓝色层，也就是百万富翁聚集的那一层。

绿色层合奏者就像管弦乐队中的乐手，是交响乐中不可或缺的组成部分。他们只要再前进一层，便能进入财富事业层的最后一层，成为蓝色层指挥家。指挥家不需要演奏任何乐器，但他手持指挥棒，需要把握各种乐器的节奏，协调所有人共同演奏。

合奏者面对观众，而指挥家背对观众，面对合奏者。在积累财富的过程中，这意味着，绿色层合奏者是公司中高绩效团队中的一员，与其他人做着同一件事；蓝色层指挥家需要把各种细节问题分配给合奏者，然后把精力集中在财务管理、协议商定、赢得更多资源和培养优秀员工等方面。

蓝色层指挥家每月都会召开会议，和投资顾问团队一起监督公司的业绩和运营，而这些会议不需要绿色层合奏者参加。所有蓝色层指挥家的投资顾问团队里都有一名会计师和一名律师，负责管理公司资产或资产以外的个人财富。简单来说，蓝色层的财务评分表与其他所有层级的都不同，包括同处于财富事业层的黄色层和绿色层。在黄色层，我们最关注的是公司现金流；在绿色层，我们更重视损益表；到了蓝色层，我们更应该把心血倾注在资产负债表上。

对于跟我一样的、看到财务数字就头大的发电机型天才来说（相比数字，我更喜欢处理图像），想理解这些变化的最简单的方法在于这句话："建立三角形，问题就解决了 2/3。"

财富金三角：现金、利润和资本

GPS 定位系统可以测量出你和某颗星星的相对距离，并能以"米"为单位，准确计算出你的确切位置。但是为什么生活中依然有那么多人会迷路？这主要有两方面的原因。

第一个原因是，尽管我们拥有物理世界的清晰地图，但还没有形而上世界的地图。古代文明社会曾经拥有过形而上的地图，但是现代社会把其中的大部分都忽略或遗忘了。本书通过提供一套 GPS 定位系统，或者说一幅形而上的地图解决了这个问题。它将指引我们在财富世界不断探索与攀升。

第二个原因是，在生活中，我们大部分人都没有运用真正的 GPS 定位技术——三角测量法。

三角形之父毕达哥拉斯曾经说过："建立三角形，问题就解决了 2/3。"他的意思是，通常，我们在解决大部分问题时，都仅从两点出发，比如"我们和他们"或"当时和现在"，并只根据这两个点去寻找答案。但是，当我们增加第三个点时，就会得到一个三角形。于是，每个点都可以和另外两个点联系起来，以另外两个点为参照物。这样，在任何情况下，我们都将保持公正，并理解、捕捉到事情的全貌。

撰写愿景就相当于建立了一个把你的过去、现在和未来联系起来的三角形。你创造了第三个点。在那里，你可以暂时离开自己的前进轨道，观察你现在和未来的生活，以及把它们连起来的那条直线。第 6 章里所有从黄色层攀升到绿色层的案例主人公，都是通过构建三角形解决了问题。例如，当斯科特尝试创造房产客户喜欢的投资条件时，他就在他的消费者、供应商和投资条件之间构建起了一个三角形。当沃恩为想要合作的公司创造条件时，他就在他自己、他正在寻找的公司以及有利可图的合作关系的条件之间建立了一个三角形。

一旦创造出第三个点，我们就创造出了一组可能会产生“流”的动态关系。这就是在财富金字塔攀升时采取的三个步骤之间的关系，也是财富金字塔每个阶段内三个层级之间的关系，也是每一位成功的财富创造者的行事逻辑。

三角测量法虽然古老，却是现代会计的基础。由卢卡·帕乔利发明的复式簿记，就是把所有账目视为一个三角形（见图 7.1），分成现金流量表、损益表和资产负债表。每次交易都会被记录为借方和贷方，一旦其中一份报表中的某个数字改变，另一份报表就会随之变化，所以三角关系总是保持平衡。理解这个三角关系是建立个人财富的关键（我制作了一段解释这个三角关系的视频，请登录百万富翁成长计划的国际版网站查看）。

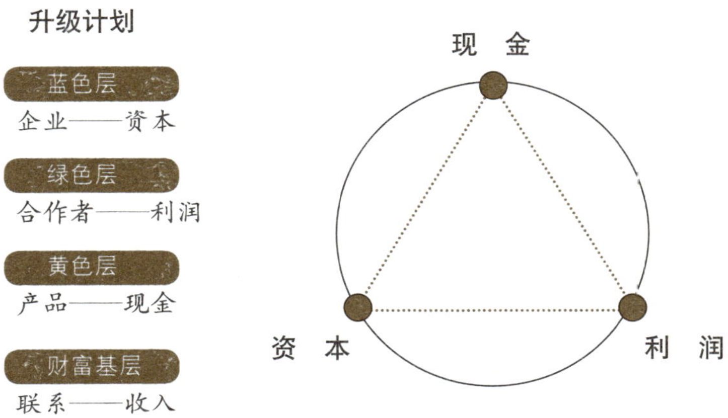

图 7.1 财富三角形

不论你想获得现金、利润或资本收益，在三角形的其他点上，总会有人想要获得和你不同的东西并愿意和你交易。构建起财富三角形，问题就解决了 2/3。简而言之，钱只是一个承诺，所有财富都来源于承诺的流动：

- 现金流量表显示你已经获得的收益。
- 损益表显示你已经兑现的承诺。
- 资产负债表显示你已经做出的承诺。

当你同意传递价值时，你就做出了承诺，你的损益表上就会显示已经兑现的承诺（收益），资产负债表上显示的是你已经做出的、有待兑现的承诺。

当客户付款时，你的现金流量表上就会显示已获得的收益，并且作为已经做出而且已经获得的承诺，离开你的资产负债表。所以，如何利用"承诺流"，决定着你对现金流的支配度。

明白这一点后，我早期遇到的金融管理难题（当时我看到的只有数字和美元符号）就迎刃而解了。现在，我把金融管理看成追踪承诺流的简单日志：所有的钞票只是承诺（叫做本票）。就是在那时候，我的财富开始增加。

例如，在黄色层时，由于经营杂志社需要现金流，我就和绿色层的、想获得更多利润的印刷公司合作。我找到一家公司，它愿意给我 6 个月的赊账期；作为交换，我需要支付比市场价高 5% 的费用。于是，我节约了更多现金，对方赚到了更多利润。

接着，我找到了更具开拓性的绿色层广告客户，并表示，如果他们提前 6 个月支付广告费，就能享受 50% 的折扣。然后，我获得了现金，他们花一半的钱就实现了预期效果。用这种方法从市场中筹钱，比去银行贷款容易多了。我的顾客和供应商和我一起冒险。他们信任我，相信我正在创造他们重视的东西。

当杂志社上升到绿色层需要寻找风险资本时，我必须证明自己可以为蓝色层指挥家提供他们想要的东西——可以从中获得收益的业务与资产。当我到达蓝色层时，我的关注重点从经营获利变为投资获利。具体做法就是，每年我都会做一些投资决策，使每月的现金收入与“百万富翁十步走策略”保持一致。我的导师是对的：你攀升得越高，就走得越轻松。

蓝色层指挥家会通过现金投资获利。绿色层合奏者用收益与资本和蓝色层指挥家交易以获得现金，并用现金和黄色层独奏者交易获得更多利润。指挥家、合奏者、独奏者是财富事业层的三个角。只要管理好时间和对方的信任，建立相应的价值传递追踪记录，所有人都可以免费进行类似的交易。当执行从绿色层攀升到蓝色层的 3 个步骤时，请牢记以上建议。

探测出“贡献度高”的资产

每个人都有机会抵达蓝色层，这不需要绝顶的聪明、过分的勤勉或是横溢的才华。实际上，很多蓝色层的指挥家都非常普通，他们甚至会弱化自己拥有的其他特殊技能，认可绿色层合奏者的判断。

除了掌握财富三角之外，蓝色层指挥家们还有一个共同点：通过建立市场权威，以争取团队、合作者和投资者的尊重和忠实支持。这不仅是从绿色层攀升到蓝色层必备的，也是所有不同财富优势类型的天才成为百万富翁必不可少的。

稳固你的权威。蓝色层指挥家凭借行业领导者和影响者的身份吸引着绿色层合奏者。他们有能力汇集需要的资源以推动事情向前发展。他们就像运动队的教练：不需要上场比赛，只负责制订策略。

完善流程。凭借自身的能力，蓝色层指挥家把一切都控制在财富流（现金流、资源流以及信息流）中，并将在绿色层时的节奏提升到了新高度。他们把时间用于思考，并做出最重要的决策，同时把日常琐事分派给其他人。这意味着他们会有时间观察公司内的资本、人才与资源的动向。

保持平衡。蓝色层指挥家最关注的是资产负债表。在他们眼里，所有事物都是一项资产或一笔负债。不管是企业资产负债表还是个人资产负债表，他们都以这样的视角看待。所以，当事态发展良好时，他总会考虑到潜在的不利方面；当事态很糟糕时，他也总能看到积极的一面。

在我们继续前进之前，请将这 3 个步骤与你的健康状况做类比，以有助于进一步思考。

生活中和公司里的现金流，就像你身体里的血流。制造血液不是你身体存在的目的，但是如果没有血液的流动，身体就会死亡。黄色层独奏者关注现金流，是因为如果没有现金流，一切就会终结。为了保持身体的正常运行，肺部会为血液提供氧气。同样地，公司赚到的利润会为你带来现金流，增加你的财富。绿色层合奏者处于相对高级的运作状态，他们通过增加利润增加现金流，让系统不断运行或者发展。

当确定你的肺在呼吸，心脏在跳动，生命体征良好，医生就可以将注意力放在你器官的健康上。健康的关键不在于器官的大小，而在于确保所有的器官都平衡运转。

蓝色层指挥家在商业系统中的地位也是如此。他们会遵循这 3 个步骤，重点关注对整个财富系统有贡献的资产。**一位成功的蓝色层指挥家并不会为了发展而发展，而是会在风险和回报之间，在现金流和资产增长之间，在扩张和提高之间寻求平衡。**

节奏型天才：由你来感知，你的团队负责管理

22 岁时，我遇到了人生的第一位百万富翁导师迈克尔·布朗斯坦，正是他教会我"百万富翁十步走策略"。迈克尔是俄亥俄州哥伦布市的房产投资人，是一名节奏型天才。当时，作为指导我的回报，我在迈克尔旗下的多个公寓社区工作。第一周，我的工作是协助物业经理梅利莎工作。她负责河滨公寓。

当时，河滨公寓的大楼正在装修。装修后，大楼里一百套公寓的租金将提高 40%，这正是迈克尔派我协助梅利莎的原因。尽管装修之后，居住条件和环境会提高不少，会让住户感觉物超所值，但还是有很多租户决定搬走，其中不少人搬去附近一个租金更低的社区——香农路公寓。

梅利莎很受挫。"公寓里的很多租户已经住了很多年，"她说道，"看着他们搬走真的太遗憾了。实际上，维持原来的价格我们也能盈利，我们不需要涨租金。我希望迈克尔知道他在做什么。"梅利莎是从绿色层合奏者的角度看待眼前的状况：既然已经实现了盈利目标，为什么要改变这原本正常运转的一切呢？

第一周结束后，我找到了迈克尔并直接问他："如果你已经盈利，为什么还要提高租金？银行收费增加了吗？还是因为你只是想赚更多钱？"迈克尔拿出一张纸，列出了他所有房产和它们产生的收益。然后，他在每栋房产旁边写下一个高得多的数字。"这个，"他指着新写的数字说，"就是银行对这些房产的估价。如果我提高租金，赚更多钱，银行就愿意提高对这栋房产的估价。如果我从一栋房产的租金中多赚了 10 万美元，银行就会愿意给出 10 倍的估价，这意味着这栋房产的价值将达到 100 万美元。

"现在，我正在考虑购买另一处房产。我和投资团队以及银行工作人员核查了所有房产。银行人员表示，如果我可以成功提高河滨公寓

的租金，获得更高收益，他们将愿意为这栋房产重新估价。只要我们能保证一定的入住率，证明可以以更高的租金出租公寓，银行就愿意重新评估这栋房产，并且提供资金支持我购置下一栋房产。”

通过这个案例，你可以知道，抵达蓝色层后，当所有事物都整合到了一起，你的视角会发生什么样的改变。通常情况下，一个人获得的收益可能仅仅意味着他赚了更多钱，但如果用资本价值和投资收益衡量，增加的价值可能高达实际利润的 10 倍。例如，一家连锁零售店的利润增加了 100 美元。如果其他 50 家连锁店也都实现了这种幅度的利润增长，那么总利润将显著增加，而且当公司利润翻倍时，股票价格和公司价值都会随之增长。当我问迈克尔，他是否因为租客搬走而烦恼时，他回答我：“这就是一定要确保自己持有一组平衡的投资组合的原因。”我不明白他的意思，继续说：“不，我是说真的。你的顾客正在流失，河滨公寓的很多租客都搬去附近的另一家公寓了。”

终于，迈克尔用我听得懂的话回答：“我知道。香农路公寓也是我的。”那么，在向蓝色层迈进的过程中，迈克尔和他团队中的节奏型天才是如何做到这一切的？他们采取了什么样的步骤？

第一步：稳固你的权威地位

- 不要长期扮演关键的管理角色，不要时刻参与公司的日常运作，不要认为只有时刻关注细节才能保持公司各项事务的平衡。
- 任命并授权一名绿色层合奏者领导公司，放下日常运作，运用天赋在你的利基市场中创造资本价值，成为你所在行业中的权威。

节奏型天才可能成为唐纳德·特朗普（商业领域）、乔治·索罗斯（交易领域）或沃伦·巴菲特（投资领域）那样的市场权威。他们天生拥有强大的感知能力，可以很好地把握时机。相比创新，所有节奏型天才对交易更感兴趣，而且他们在行动之前必须按照自己的节奏推进事务。因此，他们会通过脚踏实地地分析和按时交付来巩固权威。节奏型天才需要组建值得信任的团队来管理公司的投资活动。这个团队包括一名会计（负责管理他们的钱）和一名律师（负责保护他们的钱）。

迈克尔年轻时追随的一位导师是美国公寓社区行业的先驱者之一。迈克尔从导师那儿学会了如何针对企业的每一项业务组建管理团队，以便节省更多时间寻找资金以及适合的交易项目。迈克尔也因此能够集中时间和精力完成适合自己天赋的事务，并完成了第二步。

第二步：完善流程

- 不要在监督公司业务的同时，还要做出最终决策。
- 调整业务流程和政策，这样你就会获得顺畅的现金流和丰富的资源。调整策略制订、创新、市场营销以及系统和人才升级的流程，确保你的业务紧跟发展趋势。

迈克尔告诉我，对于蓝色层指挥家来说，最重要的任务就是，留心企业的名字和数字，尤其是那些促成企业获得 80% 成功的关键人物和度量标准。当你身处蓝色层时，时间会变得相当宝贵，你会切实体会到什么叫分秒必争。而如果你能够让自己在合适的时间处于合适的位置，就相当于创造了一个机会，一个时刻关注企业动向、随时把握好运气的机会。

节奏型天才喜欢亲力亲为，所以迈克尔建立了一个流程。通过这个流程，他能在不干预管理的前提下，了解到员工的信息。迈克尔会和他的总经理定期会谈，了解哪些人（顾客、员工、合作者以及竞争者）

对业务发展产生了最大影响，以及谁掌握着公司发展的关键。迈克尔还会定期考察已有房产、新房产以及土地拍卖的状况。

第三步：保持平衡

- 不要一直把精力集中在交易上，也不要试图最大化交换价值。
- 把你的注意力转移到资本价值上，设定新的目标资产价值和目标投资收益。

回想一下从黄色层攀升到绿色层时我们谈到的5个财富神话，像迈克尔这样优秀的房产投资者和节奏型天才，不会一味地坐等被动收入的到来。他们会积极发展投资组合，随时关注市场动态。

迈克尔不是一夜暴富，因为节奏型天才很少能够迅速成功。迈克尔之所以能够成功，在于他持续关注同一个领域，和稳定的团队一起不断发展完善他的第一个住宅小区，并最终拥有了好几个小区房产。迈克尔的每个小区都有独立的经营团队。作为蓝色层指挥家，迈克尔带领着这些团队像经营一家独立公司一样经营着这些小区房产。

另外，迈克尔还拥有一个负责监管他所有生意的小团队。比如，他的会计和律师负责让一切保持井然有序。迈克尔会运用节奏型天赋，提前一年制订出下一年的计划，例如哪些资产可以重新估价，哪些可以获得利润，哪些需要出售，哪些需要购入，他都心中有数。每年，凭借投资组合的变化，迈克尔可以收获数百万美元的现金流，所以他从不依赖经营收益来增加现金流。

钢铁型天才：你缺一位火焰型总经理

钱德雷什·帕拉在印度和伦敦两地做生意，是一名钢铁型天才。

我开始辅导他时，他正被困在红外层，用自己的现金支撑着生意。他也购置了一些房产，但也处于入不敷出的状态。

刚开始辅导钱德雷什时，我问他，如果可以选择，他会选择什么样的未来。“我想像蓝色层指挥家那样工作，”他回答道，“我想要投资科技初创企业，并且运用自己的钢铁型天赋为这些公司增加价值。”

所以，钱德雷什选择了走出红外层的蓝色层策略（第四档）：制订新计划，重组资产，偿还债务，并且为他每月投入到公司里的资金设定限额。他还以更低的价格出租了一处闲置房产，以获得正向现金流。

不到 3 个月，钱德雷什重组个人资产，获得了正向现金流。和我初次碰面时，钱德雷什的关注点并不在获得正向现金流上，但在进行了一套测试（即现在的百万富翁成长计划）之后，他大受震荡，决定采取行动。此后，他一步一步遵循着钢铁型天才的道路从红外层攀升到黄色层，再到绿色层，最终来到了蓝色层。

第一步：稳固你的权威地位

- 眼睛不要只往内部看，不要总想着运用你的钢铁型天赋调整公司的办事方法和系统。这是钢铁型天才在绿色层的成功方法，但在蓝色层，这样做只会带来失败。
- 运用钢铁型天赋，成为你所在利基市场中的专家和权威，组建团队为你分担日常事务，留出时间与行业内具有影响力的人物取得联系。

钱德雷什是直播技术公司 Coconnex 的 CEO，他一直用个人资金支撑着这家公司。为了实现突破，他做出的改变是，把投入的资金看成借出去的一笔为期 6 个月的贷款。也就是说，他的现金流并没有变为负数，而是投资组合里多了一笔贷款收益，且拥有一家有6个月时间来转亏为盈的公司。然后，钱德雷什雇用了一名火焰型的总经理，这样他就可以从日常事务中解放出来，执行他作为一名绿色层合奏者所需要采取的行动步骤（我在经营杂志社时采取了相同的步骤）。

随着钱德雷什的改变，Coconnex 公司的销售额有了显著的提升，然后他又成立了一家科技孵化公司——Cohezia 公司，服务于各类科技企业。运用钢铁型天赋，钱德雷什轻松提高了 Cohezia 公司的运作效率，并改善了公司系统。随后，他以高效率和新系统为资本，为正在寻找第二轮融资和发展支持的初创企业提供一系列服务。

为了巩固权威地位，钱德雷什以 Cohezia 的名义，投资了 Coconnex 公司，让自己成为自己的第一位顾客。然后，他通过参加天使投资人会议和投资界取得联系，并顺理成章地执行了第二步。

第二步：完善流程

- 不要陷入公司内部的流程管理和调试，不要把注意力完全集中在提高效益上。
- 成立团队替你管理流程，那样你就可以从外部监督公司，把握趋势和机会，最大化公司和你的资产的资本价值。

通过把身份转换成投资者，钱德雷什的思考方式完全变了，从“绿色层思维”（考虑如何创造更高的销售业绩，赚取更多的利润）转变为“蓝色层思维”（考虑如何获得更高的投资收益以及如何创造价值）。

结果，钱德雷什不仅压力缓解了，还可以更加透彻地观察公司、安排比自己更适合且可以信任的管理者去管理公司。这让他有了更多时间与天使投资人建立联系。不到6个月，钱德雷什就受邀加入英国领先的辅导和投资网络 TIE。TIE 在14个国家拥有1.3万名会员。于是，钱德雷什有了大量和投资者、被投资公司接触的机会。

第三步：保持平衡

- 不要一直把现金流量表和损益表当作你判断成功的主要标准，资产负债表比它们更重要。
- 创建一份资产组合报表，以便准确预测你的现金收益以及每项资产的收益率，并给出实际的数字，进而提高你对资本的了解度和把握度。

转变后的钱德雷什把关注点集中在资产上。全面评估公司之后，钱德雷什发现，可以通过实行 5 年计划来筹集资金。当短期利益不如长期利益那么重要时，潜在的投资者就可以看到公司正在实现预期目标。这提高了 5 年计划的可信度，也提高了钱德雷什为 Coconnex 公司和 Cohezia 公司投资基金筹资的能力。

然后，钱德雷什为 Cohezia 公司雇用了一名总经理，并着手开发可以全面推行的办事流程和方法模板。钱德雷什的故事警示我们，尤其是钢铁型天才：遵循百万富翁成长计划并不意味着，开始遵循这些步骤后事情就会一帆风顺；也并不意味着，你可以撒手不管什么都不干，而指望船只自动航行。

我和钱德雷什再一次见了面。尽管对自己的进步很兴奋，但他又回到了充满压力和不确定性的感觉里。他向我征询生意发展方面的建议。我沉默了一会儿，然后像我多年前的导师那样问道："你的个人财务情况如何？"

钱德雷什一直忙于创办科技孵化公司，以至于个人财务状况落到了红外层。所以，我们一起回顾了钱德雷什在重蹈覆辙的几个月中，都做了什么。实际上，他只是因为忙于其他事情，而暂停评估个人现金流。好消息是，不到一周，钱德雷什就扭转了局面，带着清晰的认知，离开了红外层。之所以可以如此快速发生转变，是因为钱德雷什理解了百万富翁成长计划的 GPS 定位系统：从红外层到蓝色层之间的每一层，他都把自己的职责分解成了一个三角。即使钱德雷什怀揣着一幅地图，如果他不留心看，依然可能迷路。但是，他越快拿出地图检查当前的位置，越能早日回到正轨。

发电机型天才：与钢铁型天才合作

理查德·奥尔德森是一名发电机型天才，他拥有满腔热情，梦想着改变世界。

当我开始辅导理查德时，他的精力主要集中于他和别人共同创建的犀牛印度公司（UnLtd India，印度影响力较大的 NPO 孵化器。——译者注）。这家公司用从基金会和企业捐赠者处筹来钱，为印度的小型社会企业提供咨询、支持和资金。在此之前，理查德还在英国的一个社会企业家网络 UnLtd 工作过。理查德的问题在于，他会把除生活所需之外的钱全部投入企业发展中。他的个人现金流不为负，但也不是正的，他正处于红色层。3 年前，当我告诉理查德，他需要首先关注个人财富时，他并不理解我的用意。他觉得那听起来和他的信念刚好相反。

“这不是钱的问题。”他说道。

“如果你只能维持基本生活，那么你的每个决定都将只是关于金钱的决定。所以，说到底就是钱的问题。”我回答道。

只要理查德还不能轻松开出一张 1 万美元的支票，那么他就会觉得 1 万美元是一大笔钱。同样，如果他不能开出 10 万美元的支票，10 万美元就会是一大笔钱。对蓝色层指挥家来说，10 万美元的支票根本就是小菜一碟，因为他们关注的升级计划都是以百万美元计的。

理查德需要明白，经常开出 6 位数支票的人和只能开出 3 位、4 位数支票的人的语言和思维是非常不同的。他还需要理解，他和个人财富之间的关系，会直接影响他在工作中的资金决策。

“如果你自己都很贫穷，你就无法帮助其他贫穷的人。”我说，“创建你的个人财富流，并且把它作为攀登财富金字塔的台阶。想象一下，如果每个星期你的账户里都会多出 2 万美元的可支配收入，你会怎么思考问题。如果你的口袋里一年多出 100 万美元，你会用那笔钱做什么？”

理查德思考了一下，然后说：“我会用这笔钱投资社会企业家。”

“很棒！所以，不要再想着把所有时间都用来帮助社会企业家，你应该考虑如何用自己的钱去投资社会企业家。”

现在，理查德需要找到发电机型天才攀登到蓝色层的方法。

第一步：稳固你的权威地位

- 不要急于开始新的冒险历程，不要把你个人的资金全部投入公司。
- 集中精力于你想要树立权威地位的行业，把所有最佳合奏者和有经验的投资者吸引过来，这样你就可以充分利用外部资金和天赋，雇用他人发展你所投资的企业。

我建议理查德改变商业模式，从单纯的捐款筹资转变成一家投资者可以从中获益的社会企业基金。这样一来，相比单方面期待投资者的青睐与慷慨支持，现在，理查德可以用平等的身份与投资者联系，和他们一起投资。

这不仅将改变理查德和潜在投资者的沟通方式，也会改变他看待社会企业的视角。于是，理查德开始联系世界范围内主要的社会企业家网络及组织，并最终成为印度最有声望的社会企业家。

第二步：完善流程

- 不要把你对数据的分析作为决策的唯一依据，尝试运用直觉决策。这样，其他人就可以据此决定如何分配时间和金钱。
- 和钢铁型天才合作，创建人人都能理解的衡量标准和方法，这样你就能客观评估你的计划是否具备可行性和普适性。

钱德雷什运用钢铁型天赋、纯熟的分析技巧和系统性思维，获得投资收益；理查德运用发电机型天赋、绝妙的创意和策略性思维，为他的投资增加价值。我建议理查德创建一个流程，让他或团队成员进入所投资的公司的董事会，以帮助每位社会企业家。

根据旧的经营模式，钱德雷什会遇到一个问题：现金流无法持续扩充，尤其当他没有成为蓝色层指挥家却不断投资资产时。因为现金流依赖于资本，而资本不足，所以现金流不可能持续。当理查德出售一项财产或一家公司时，现金会大量流入；而当他购买一项资产时，现金又会大量流出。结果，他拥有大量资产，但现金却非常匮乏。

实际上，理查德有3种“流”可以扩充现金流：敲定一项新投资时获得的投资资金、因为提供的咨询而获得的管理报酬、从投资中获得的现金回报。蓝色层指挥家应该完善他们的流程，这样，他们就能在每个领域就都能获得现金回报，公司也就能在起伏不定的市场中稳步发展。

第三步：保持平衡

- 不要只关注公司的收益、利润和增长。
- 运用发电机型天赋，充满创造性地创建投资组合，管理资源，筹集资金。

理查德开始经营多家公司，个人现金流就开始由负转正，并顺利从红色层上升到绿色层。但是，为了继续攀升到蓝色层，他需要改变自己的发电机型思维方式。到达财富金字塔的更高层级后，你将发现在较低层级时发现不了的关系。这时候，你才能真正发挥发电机型天赋，拥有更宽广的视角，产生更大的影响。

理查德的第二家公司——改变之旅公司旨在带领领导者踏上身临其境的旅程，帮助他们在世界上产生更大的影响；他的第三家公司职业转化器公司的目标是，帮助处于职业生涯中期的人士找到满意的工作；他的第四家公司影响力 DNA 公司，则以我的财富动力学为基础，帮助人们寻找专属于自己的发展之路。

为了登上蓝色层，理查德开始思考如何让几家企业协同经营，以实现更高效的运作。最终，改变之旅公司将犀牛印度公司的一些投资对象作为重点合作者，并和职业转化器公司建立了合作关系，共同为那些想要找到更有意义工作的人策划旅程。同时，改变之旅公司与影响力 DNA 公司合并，为客户提供学习课程。

火焰型天才：是时候见见业界传奇了

埃玛属于火焰型天才，目前生活在迪拜。埃玛为一家营销咨询公司服务了多年，主要负责帮助欧洲和美国的时尚品牌开办网络商店。她的愿望是自己经营网络零售生意，于是她搬去了迪拜，寻找可能与她合作的零售商。

我和埃玛初次相遇时，她已经创业一年。一直为生意奔波的她，甚至没有给自己支付任何酬劳，也没有吸引到第一批客户。埃玛的目标是与大型购物中心的店铺合作，但当时还没有得到潜在客户的肯定答复。根据我的分析，埃玛只要找到火焰型天才的 3 步获胜方法后，就能在 1 年内从红外层攀升到绿色层，甚至到达蓝色层。

第一步：稳固你的权威地位

- 现在，不要再把精力集中在领导团队和客户联系上。你在绿色层的成功方法到了蓝色层可能会导致你走向失败。
- 组建领导团队，那样你就有更多时间和蓝色层的投资者以及其他关键人物取得联系。依靠相关资源和执行者，建立起更高层次的权威地位。

当我开始辅导埃玛时，她撰写了一份看起来和她的最初计划相互矛盾的愿景。埃玛转改变了策略，不再像原来那样寻找客户，然后为他们开网络商店。埃玛希望自己开一家全球网络时尚商店。埃玛制订了为期一年的计划，也估算了她可能吸引到的时尚品牌和顾客的数量。她的团队把计划分解成多个阶段性计划，并集中精力实现，而埃玛的职责就是外出寻找资金。

凭借火焰型天赋，埃玛与行业内的关键人物以及顶级品牌取得了联系。因为不需要整天待在办公室，埃玛变得更加精力充沛，也让她的团队也拥有更大的决策权。在和蓝色层指挥家沟通她的业务风险和回报时，埃玛掌握了蓝色层的语言并获得了蓝色层指挥家的青睐。不到 6 个月，她就为价值 300 万美元的生意筹集到了资金。

第二步：完善流程

- 不要亲自参与公司的所有事务，不要试图仅凭你个人的力量设定公司的发展节奏。
- 任命钢铁型天才管理公司流程和政策，让会计和律师支持公司的交易和合作关系，给自己外出活动的自由，在一定距离之外监控公司业务和资产的发展。

作为火焰型天才，你的舞台越大，你吸引到的人才就越重磅。埃玛吸引到的是一批世界级的专家。她的团队建立了一个系统，让她既有时间和精力保持对外部市场的关注，又能实时了解公司的运作。

如果有一名能力强的钢铁型天才协助管理公司，并且确保公司在遇到潜在的合作者、团队成员和投资者时，火焰型天才就能充分发挥天赋。埃玛的新助手为她分担了许多事务：筹集资金，向潜在投资者和赞助者展示企业发展战略与产品，创建网络测试平台。

第三步：保持平衡

- 不要忽略财务状况和学习投资、金融、风险和回报等专业知识的重要性。
- 运用火焰型天赋吸引一群顾问和了解蓝色层运作方式的员工，然后你就可以借助他们的支持创建资产负债表。

不到 1 年，埃玛就和知名人士、时尚品牌总监、投资者、赞助商以及主要客户取得了联系。运用火焰型天赋，埃玛和他们建立了亲密联系，并在发展生意的同时，发掘了新机会。

从人际关系中发掘机会，这是火焰型天才在任何层级的终极成功方法。但是，从绿色层攀升到蓝色层后，火焰型天才将面临新的挑战，因为他们的公司是由高效团队带领运作，而非他们自己。和我合作 1 年之后，埃玛变得光芒四射，完全走出了红外层。她的公司成了她的成长平台，激发了她的潜能，为她带来了巨大帮助。

哪种投资方式，最能发挥你的财富天赋？

在你执行这些步骤并攀升到蓝色层的过程中，你会发现，你的天赋不仅对赚取财富来说越来越重要，对于长期持有财富来说同样重要。很多财富创造者最终遭遇失败的原因在于，起初，他们运用适合自己的方法成功了，后来又因为同样的方法失败了，最终失去了一切。

以下是为了长期留在财富流中，各种财富优势类型的天才应该关注或避免的投资类型。

以创新为基础的发电机型天才

发电机型天才的成功方法在于，要看到其他人看不到的东西。当他们把资金投入快速成长型企业、房地产开发项目，或是那些可以通过创新实现增值的公司和资产时，他们就能以最快的速度建立投资组合。

发电机型天才最容易因为糟糕的时间观念而遭遇失败。在预测市场方面，发电机型天才常常会过分乐观和怀有野心。发电机型天才不应该寄希望于通过时间规划和谈判来战胜市场，或是进入期权和期货市场那种高风险的交易市场。

即使在状态良好的时候，发电机型天才也会因为过度交易或过度扩张，而遭遇失败。如果你自己是一名发电机型天才，那么你最好找其他财富优势类型的天才帮你管理投资组合，因为你的弱点恰好是他们的强项。

以合作为基础的火焰型天才

火焰型天才的成功方法在于，和正确的人建立关系，进而吸引对的机会。当火焰型天才选择建立与人投资合作，他们就成功了，因为他们的合伙人很可能带来以批发价购入资产的机会，甚至带来其他人根本无法触及的投资机会。

火焰型天才的缺点是，不太关注财务细节，比如仔细浏览一份财务表格，或是在管理投资的同时留意微薄的利润、回报百分比和收益等。追踪房产投资组合和交易系统会让火焰型天才不堪重负，也会导致公司的投资不足。火焰型天才应该雇用钢铁型天才为其管理投资，然后自己去和其他人洽谈交易与合作。

以选择时机为基础的节奏型天才

节奏型天才的成功方法就是发电机型天才的失败方法：运用他们的能力选择进入市场、卖出、买入的时机。虽然节奏型天才确实擅长这方面的工作，但并不意味着他们一开始就是专家。只有在适当的环境下，和适合的专家合作，他们才会在交易的公司、资产和房产投资项目中获得成功。

节奏型天才的失败方法正是发电机型天才的成功方法：通过创新获得成功。节奏型天才应该避开投机性投资，这类投资需要他们自主创造价值，比如把低价值资产转变成高价值资产。他们还需要避开无法迅速撤离的初创公司和投资。当节奏型天才能够灵活应变，而且能够把投资转变为现金时，他们就能发挥最佳的潜能。

以系统为基础的钢铁型天才

钢铁型天才的成功方法就是火焰型天才的失败方法：关注细节，阅读财务报表。钢铁型天才掌握的技能是时间累积的结果，不可能一朝一夕获得。花时间与会计师一起研究财务报表，有助于钢铁型天才找到创造持续现金流的更聪明、更省力的方法，比如集中精力在稳定的资产上，比如公司的红利或房产的租金回报等。

钢铁型天才的失败方法正是火焰型天才的成功方法：在对的时间出现在对的社交场合，把握住对的机会。钢铁型天才获得的成功不来源于人际关系，而是找到有益的资产并增加其价值。钢铁型天才不需要在市场里想方设法经营。他们会把精力放在更稳定、预期收益更高的投资项目中。而火焰型天才根本没有耐心经营这类项目。

攀升到蓝色层之后，你会发现，你有权利和能力付出更多。你可以为关心的人和事付出。随着财富的增长，你付出的能力，以及让这种付出产生巨大影响的能力都在增强。

随着财富的积累以及慷慨贡献的增加，这些付出会成为你继续攀升财富金字塔的驱动力。这种付出会令别人的生活更美好，也会让你树立更高的目标，为你的工作创造更高价值，为你的生活增添满足感。

如果你在向蓝色层攀登的过程中，没有心怀更高的目标，你将会失去继续攀登的冲劲，因为这时，个人成功将不再是你继续攀登的驱动力。

只有把财富从机会转变为责任，把赚更多钱、给予他人更多支持视为责任，我们才能维持前进的动力。那就是为什么当我们问“为什么”的问题时，我们的目标感会引导我们攀升到最高的层级。

上位前检查清单：蓝色层

准备好要从绿色层攀升到百万富翁和亿万富翁云集的蓝色层了吗？现在就填写检查清单吧。你的得分如何？填写完之后，努力把每个“否”转变为“是”。

稳固你的权威地位

1. 我拥有能赚到现金的投资组合，这是我的财富基础，它会随着我的前进方向不断发展。

□是 □否

2. 我拥有值得信任的组织系统和可以信赖的团队，它们是我的资产、我的归属。

□是 □否

3. 我已经在行业内确立了权威地位，我可以吸引到更高层级的领导者管理我的资产和公司。

□是 □否

完善流程

1. 所有我的资产和公司都拥有相同的评估和更新流程，几乎不会耗费我个人的时间。

□是 □否

2. 我拥有购买、持有或销售我的资产和公司的固定流程和标准。

□是 □否

3. 我拥有评估新机会、新才能，以及让我在合适的时间出现在合适的地点的系统。

□是 □否

保持平衡

1. 我拥有一种节奏，在这种节奏下，我可以在投资组合的各个领域都平衡地分配时间，并且在最需要的地方增加价值。

□是 □否

2. 我对我所在的行业和资产制订了战略，同时制订了能让我了解所有事物最新状况的流程。

□是 □否

3. 我保持了生活、投资组合以及财富金字塔不同层级的角色之间的平衡，并赋予它们活力与灵活性。

□是 □否

本章概要

1. 绿色层是财富事业层的第二个层级，是属于高绩效团队的层级。
2. 达到绿色层后，即使你不亲自管理公司，它也能顺利运行下去。抵达蓝色层后，你将获得组建多个团队、开创多股财富流的能力。
3. 以下 3 个步骤可以帮助你离开绿色层：
   - 稳固你的权威地位
   - 完善流程
   - 保持平衡
4. 每种类型的天才从绿色层攀升到蓝色层都要遵循 3 个步骤，不过运用的策略各不相同。
5. 各种财富优势类型的天才各有各的离开绿色层的策略：发电机型天才要以创新为基础进行投资，火焰型天才要以合作为基础进行投资，节奏型天才要以时机为基础进行投资，钢铁型天才要以系统为基础进行投资。
6. 作为绿色层合奏者，你需要懂得如何管理团队，这有助于你成长为蓝色层指挥家。在蓝色层，你可以吸引到更多合奏者，他们每个人都拥有自己的团队和财富流。

吸引优秀合奏者的 3 个关键

你已经懂得团队的重要性了——帮助你管理你的财富流。当你依然处于绿色层时，你的挑战就是寻找合适的合奏者加入你的行列。

合奏者需要和指挥家合作。指挥家具备把百万美元项目所需的资源整合到一起的能力。从你在黄色层推行升级计划的那一刻起，你就在积累这些有益的资源；当你攀升到蓝色层时，你就已经万事俱备了。吸引合奏者的关键在于，向他们证明，只要拥有你这名指挥家，他们会演奏出比你加入团队之前更棒的音乐。这就是稳固你的权威地位的意义。如果你想吸引优秀的演奏家，必须满足 3 个重要条件：

- 数字的权威：你的投资组合。
- 领导的权威：你信任的团队。
- 资源的权威：你的人际网络。

在采取步骤、树立权威地位的同时，你需要回答以下 3 个问题，并且完成相关练习。

你持有能赚取现金的投资组合吗？它能增加你的财富吗？当开始攀登财富金字塔时，你可能已经拥有一些资产。抵达蓝色层后，你会把资产组合交给信托基金公司管理，或是购买新股票。管理投资组合的关键在于，每年评估每项资产的现金收益（任何贷款或成本）。不论你持有的是一家公司、一栋房产、一些股票还是一个银行账户，你都应该定期评估它们。

你可以把所有资产都列进一张表格。在你做任何资产决策之前，记得首先制订每年的现金收益和资本增长目标。然后，和团队商量，以决定来年每项资产需要获得多少投资收益。你需要明确知道，你是要提高资产收益，还是降低债务成本。

获得更高投资收益的能力与两个因素密切相关：第一，如何运用自己的天赋；第二，在哪个领域拥有权威地位。你想在自己投资的什么领域成为权威？选择适合你发挥天赋的领域，进而选择你拥有热情的行业。

你有自己的信托团队和团队架构吗？他们可以帮你树立权威地位吗？公司架构、投资组合的结构、你想要投资的领域和你的公司所处的领域密切相关。你创建的架构需要与你的市场想适应，而不是与你的居住地相适应。也就是说，如果你正在发展一项国际业务，那就不要和你居住地的律师以及银行创建你的投资结构。

因此，你的信托团队需要一名会计和一名律师，并让它根据你的目标和你共同成长。你在财富金字塔所处的位置、你的愿景可以帮助你吸引到属于你的信托团队。注意分享你的投资组合，让你的伙伴成为计划中的一部分。

想脱离绿色层，你可以这样做：挑选、寻找或吸引一名绿色层合奏者加入你的团队，扩张并提高你的每一项资产，保证你不再亲自参与任何一项资产的实际运作。计算收益时，注意考虑资产管理成本。请牢记，雇用一个人打理你的大部分资产，比你亲自兼顾一切要好。否则，你将失去最宝贵的资产：时间。

如果你已经在绿色层待了很久，你或许无法做到对公司事务撒手不管，那么最简单的方法就是，在战略层面上以顾问或董事会成员的身份加入另一家公司。相信我，在董事会上，你不会问出类似“你今天回复了所有的邮件吗”这样的问题。你会立刻开始了解这家公司正在面对的战略问题，而这种思考方式会让你在公司管理以及时间管理上获得不一样的看法。

你正在吸引高级别的领导者、资源和机会吗？根据行业经验，你会发现，掌握市场资源的指挥家会把时间用来维护可信赖的人际关系。为了找到适合你的指挥家，首先回答以下问题：

- 在你的行业中，你最应该建立联系的3位指挥家是谁？
- 在你的行业中，最优秀的合奏者在哪里？
- 交换资源的主要场所、活动和团体在哪里？
- 行业的内部机会会出现在哪里？

和其他蓝色层指挥家建立信任关系的最简单方法就是，参与他们的升级计划（他们总是会推行升级计划，创建、购买、销售、投资新项目、新业务），并推行你的蓝色层升级计划，吸引他们和他们信任的人参与。

树立和稳固权威地位需要时间，但是你在蓝色层拥有的现金流，可以给你换回一定时间。如果你准备将成为蓝色层指挥家作为目标，那么就继续前进吧。

第 8 章

如何突破蓝色层？
以你为中心，建立财富生态系统

当谷歌创始人拉里·佩奇创建谷歌 X Prize 奖项支持无人探测器登上月球时，当维珍集团创始人理查德·布兰森赞助 NASA 进行太空探险时，当比尔·盖茨宣布他要找到根除小儿麻痹症的方法时，他们在创造什么？当你的目标变成你的人生，而你的人生变成一代人的标志，你就成了传奇。

蓝色层人群画像

判断标准：从价值百万的资产组合中获得的大量现金流

情感：冷静；耐心；清晰

停留在这里的代价：批评；孤立；失去热情

需要关注：信任和承诺

我要如何到达这里？风险管理；资产管理；分离

我要如何攀升？运用你的信誉；利用你的资金获利；和你的群体建立联系

我人生中最恐怖的经历，发生在一次前往新西兰的旅途中。一位朋友带我去了尼维斯，那里拥有当时世界上高度最高的蹦极活动和最好的蹦极设备。我还记得我站在 400 米高的蹦极平台上，看着下方谷底的水流和岩石。绑在我脚踝上的蹦极绳让我的行动极为不便。我快被吓死了。

当时，蹦极指导者对我说："不要认为自己是在蹦极，就想成是自己要松开一切，全身心释放。地心引力会帮你完成一切。"

他是对的。我松开了一切，体验一种全新的自由。是的，我很害怕，但如果我松开了手，就能实现自己一直以来向往的量子跃迁（巨大突破）。所以，我这么做了。然后，我体验到了飞翔的感觉。

在这本书的开头，我曾经向你讲述我的第一次"量子跃迁"。当年，我的汽车在新加坡被收走，这让我决心要走出红外层。于是，我进行了一些规划。后来，这些行动步骤变成了百万富翁成长计划。在我攀登财富金字塔的其他时段，我并不需要量子跃迁似的时刻，比如我的车子被拖走的那个晚上，或者从蹦极平台上往下跳的时刻。

量子跃迁的科学定义是："微观状态发生跳跃式变化的过程。"你还记得在科学课上画出不同原子的能源层级吗？每个圆环都代表了一种的量子状态。当原子发生变化时，电子会从一个环跳跃到另一个环上。

宇宙里最常见的例子就是恒星的核聚变，两个氢原子碰撞形成一个氦原子。结果，两个原子核聚合，一个电子完成了一次量子跃迁，释放出光能。宇宙中每时每刻都在发生数十亿次的量子跃迁，太阳和夜空中星星的光芒就是由量子跃迁产生。

我们很容易认为，量子跃迁在我们的生命中只会偶然发生，却忘记我们就是量子跃迁的结果，而且我们生活在一个由量子跃迁点亮的世界里。每天早上醒来时，我都会提醒自己，我是这个不可思议的光的世界的一部分。每天，我都可以选择是要停留在之前的状态里，还是进行一次量子跃迁，成为光的一部分。这也是在财富金字塔中攀登的每一天。

你已经看到了，财富金字塔的每个层级都需要我们聆听、思考和改变；每个层级都迫使我们随着财富流的增长用不同的眼光看待事物；每个层级都像一个无线电台，和所有人的频道都相连，但频率又各不相同。只要调换频道，听到的音乐就会完全不同。

在财富金字塔内攀登到一定高度之后，我们也需要适当放下，就像在蹦极台上松开双手一样。这意味着，在向下一个层级攀升之前，你需要放下前几周或前几个月学到的东西。如果你是芸芸众生中的一个，和大家一样从财富基层开始攀登（红外层、红色层或橘色层），到了更高的层级，你就需要放弃之前获得的选择或行动自由。**为了继续向下一个层级攀升，你需要忘记帮助你攀升到目前这个层级的方法和步骤**。如果你紧紧抓住选择自由或行动自由，或是你在前一个层级的获得的价值，那么你将因此被困在那个层级而无法继续前进。

所以，学习放下，将让你获得财富并取得巨大成就，然后回馈给社会你之前无法想象的大量财富。现在，你已经是世界上能抵达财富事业层的少数人之一了。如果你已经攀升到了蓝色层，你就已经获得了向更高阶段攀升的权利：你可以自己编写乐曲。这就是财富金字塔的第三个阶段：财富魔力层。

蓝色层指挥家已经掌握了制造社会影响力的艺术。他们知道如何创建团队管理其财富流，并且享受这个层级提供的行动自由。他们不需要其他人喜欢自己的点子，不需要勤奋工作，或是干涉下属管理者的决策与行动。他们从资源增长中看到自己的价值，包括目前与之联系的具有影响力的高层人士。

当我们抵达蓝色层时，会不可避免地受到更高层次的召唤，要求我们成为行业或事业的受托者。现在你需要决定，你是否愿意继续向前一步，成为你所在行业或所经营事业的领导者和榜样。

财富魔力层是所有游戏规则的诞生地。在过去 100 年里，我们已经把游戏规则的制订权委托给了大型机构和政府。然而，之前并不是这样。在文艺复兴时期，由大家族、科学家、艺术家和建筑家制订规则；在美国建国初期，由开国元勋和企业家制订规则。无论哪种情况，他们都会从运动项目的受托者变成下一场运动的设计者。当音乐走调的时候，他们会重新编写乐曲。如今，随着因特网和全球经济的迅速发展，人们再次看到机遇创造者和领导者站出来，承担起在国际舞台上制订游戏规则的责任。与政府和大机构相比，人们更能被这些新开拓者和领导者吸引，也更愿意追随他们的脚步。

现在，我正在努力学习如何攀登到财富金字塔的这个层级。你和我拥有同样多的机会！因为我可以告诉你需要做些什么：从蓝色层指挥家攀升到靛蓝层受托者同样也需要经过 3 个步骤。

忘记所有让你攀升到这里的方法

从蓝色层指挥家攀升到靛蓝层受托者的过程中，你会逐渐对自己所代表的事业负起责任，同时也会失去部分自由。当我和彼得·迪曼蒂斯（Peter Diamandis，多次创业家——译者注）以及理查德·布兰森相遇的时候，他们正在向靛蓝层攀升。

在从巴厘岛飞往硅谷 NASA 宇航中心的旅途中，我和彼得·迪曼蒂斯初次相遇。当时，他已经和雷·库兹韦尔（Ray Kurzweil，发明家、企业家、未来学家——译者注）共同创办了奇点大学（Singularity University）。我和彼得相遇的时候，他已经习惯于处理以百万美元计数的项目。彼得曾创立 X Prize 基金会。这个基金会在 1996 年设立了一项 1 000 万美元的大奖，以奖励首家开发、发射并安全返回地球的亚轨道飞行（亚轨道是指距地球 35～300km 高空的飞行轨道，可体验失重的感觉。——译者注）火箭的机构或组织。

彼得在拥有大量资金之前就一贯如此，而推动太空旅行领域的发展一直是他的目标。最后，彼得从安萨里家族筹集到 1 000 万。之后，美国航空工程师伯特·鲁坦（Burt Rutan）的“宇宙飞船 1 号”获得了这笔奖金。从此，X Prize 成了未来推动者，用物质奖励激励着全球的发明家竞相解决我们这个时代遇到的重大挑战。彼得运用自己的火焰型天赋和未来学家、先驱者以及企业家建立了联系，成为了我们未来的受托者，吸引到了这个行业最智慧的头脑以及最雄厚的资金支持。

一年以后，在数千英里之外的英属维尔京群岛，我和理查德·布兰森在内克岛（Necker Island，位于英属维京群岛的小岛，也是理查德·布兰森创建的一座私人岛度假村。——译者注）上共度了一个星期。他讲述了自己和维珍银河公司的太空冒险，以及如何和伯特·鲁坦取得联系，促成了他的获奖飞行。然后，在彼得·迪曼蒂斯的邀请下，开启了他的新太空旅行冒险。尽管理查德已经是一名亿万富翁，他还是承担起了作为一名靛蓝层受托者的角色，通过其书籍、演讲、视频与博客，为世界企业家的行为树立榜样。

如今，许多蓝色层指挥家选择停留在这一层，因为在这里可以享受财富和奢侈的生活，而不需要为世界上的挑战负责。但是，人们也看到越来越多的蓝色层指挥家承担起解决我们这个时代重大挑战的责任，从蓝色层向受托者的层级进发，领导众人前进。靛蓝层受托者使音乐成为可能，这就像一名剧院受托者为作曲家和合奏者提供曲名和乐器，让他们在音乐厅里创作音乐一样。以下是彼得和理查德选择攀升到靛蓝层时采取的 3 个步骤：

运用你的信誉。你所能做的不仅仅是创造财富，还要运用你在市场中建立的信誉。运用自己的信誉，彼得在航天领域召集了一批 NASA 的宇航员和工作人员，创立了 X Prize；运用创立经营维珍集团的经历和声誉，理查德推动自己作品的传播。通过作品，他告诉众人，任何人都可以开创自己的企业，并且成为一股为善的力量。

利用你的资金获利。蓝色层指挥家已经创建了可交换价值的资产。这些资产通常以股份的形式存在，当然也包括诸如品牌和声誉等的无形资产。理查德已经借助他的公司和维珍这个品牌为他想从事的其他活动提供资金。例如，理查德的航空公司就为绿色能源和环境保护事业提供了资金支持。彼得借助自己的声誉创建了 X Prize。当谷歌公司的创始人之一拉里·佩奇和彼得取得联系之后，他就创建了一个谷歌 X Prize 奖项，以赞助让无人探测器登上月球的私营机构。从那以后，彼得已把 X Prize 基金会发展成为游戏规则的改变者，为一系列创新挑战提供资金，以应对当今世界上从贫困到健康再到保护环境等重大挑战。

和你的社群建立联系。当你把市场视为一个社群的时候，每个人都是一名顾客、合伙人、参与者和提倡者。彼得创建了奇点大学，把一群未来学家和领导者聚集起来，为一个更美好的未来共同努力。理查德创建了维珍联合基金会（Virgin Unite），把全世界的社会企业家和机遇创造者联系在了一起。

为什么我一直在花费时间和理查德及彼得这样的受托者相处？因为我已经获得了成为蓝色层指挥家的权利，但当时我不知道攀升到靛蓝层的 3 个步骤，所以在 10 年前，当我尝试从蓝色层攀升到靛蓝层时，犯了一些错误。

当时，我就有一个“全球富裕”的愿景，把社会企业家联合起来以创造更多，贡献更多。我把精力和资源投入一个网络。虽然它逐渐发展壮大，但最终还是难以为继。我还没有准备好面对我们社群内部出现的政治和斗争。我还没有准备好面对批评和发展中遇到的困难，这些困难背后隐藏着更深层的原因。我也还没有投入必要的时间，在自己的旅程上稳步前进，并向经受住类似发展困难考验的受托者学习。

从财富金字塔的每个层级向上一个层级攀升都是一次全新体验的量子跃迁过程。那就是为什么我需要和像彼得和理查德这样的受托者相处的原因：我需要向他们学习靛蓝层的语言。我已经从自己的失败中汲取教训，也投入了时间和那些成功的受托者建立关系并向他们学习。我调整了我的目标，踏上了全新的征程：帮助我们这代人和后人提升关于金融方面的素养。

要实现自己的目标，需要信任：一种天然的、和我们天赋相联系的、他人对我们的信任感。

蓝色层天才如何获取最重要的资产？

从蓝色层攀升到靛蓝层就是从增加财富到提高信任感的过程。实际上，大部分靛蓝层的财富创造者都拥有和自己资产相匹配的信任感。你在市场里积累的信任感和你的行业有关，这些信任感会让你成为变革的号召者。但我们获得信任感的领域随着天赋的不同而各不相同。

发电机型天才因为创新受到信任

作为一名发电机型天才，在从财富基层向财富事业层攀升的过程中，你已经充分地发挥了创意精神。只要你坚持下去，就会发现，未来这些成就将会使你获得成为事业受托者的权利。

像理查德·布兰森和比尔·盖茨这样的发电机型天才，都因为他们非凡的创造力获得人们的信任。他们都曾怀着一股闯劲开拓新的市场，并运用全球化的视角应对重大挑战。通过冒险，他们在创新领域获得了一系列成就。所以，当理查德·布兰森宣称，他要探索宇宙，当比尔·盖茨宣称，他要找到根除小儿麻痹症的方法时，人们一定相信他们。

火焰型天才因为领导力受到信任

遵循适合火焰型天才的道路，你会逐步提升自己与生俱来的领导力技巧。随着你的人际关系日益扩大，人们对你的尊重与你的声誉日益增长，你将会获得成为自己群体的发言人的权利。你需要的只是时间。

像彼得·迪曼蒂斯和奥普拉·温弗瑞这样的火焰型天才，由于他们具有把最优秀的人聚集起来的能力而获得人们的信任。他们通过和他人建立关系以及让人们表现出最优秀一面的能力来发展影响力和声誉。然后，他们凭借这种信任推动社群发生改变。比如，奥普拉通过奥普拉天使网站聚集了一股善的力量，彼得借助 X Prize 基金会和奇点大学推动创新发展。

节奏型天才因为服务受到信任

遵循节奏型天才的道路，你会愿意处理最微不足道的事情，建立起自己可靠而富有同情心的形象。通过在未来的一系列行动，你将在你最擅长的事业领域成为一名备受信赖的权威人物。

像圣雄甘地和特蕾莎修女这样的节奏型天才，都是因为其提供服务的能力而受到人们的信任。他们通过高度的同情心而促成改变。甘地运用曾接受过的律师训练，带领印度获得了独立；特蕾莎修女以传教士的身份在印度救助穷苦人。他们都不需要花费大量时间发挥创造力或是和其他人建立关系，因为他们的高尚行为和工作就是他们的特点。他们在日常工作中展现出的对他人的关怀，使他们在全世界获得了一大批人的信任。

钢铁型天才因为可靠受到信任

遵循钢铁型天才的道路，你需要运用自己的分析技巧和系统化思维方式。通过这种方式，你将在未来获得提出更宏大、更复杂目标以及推动世界改变的权利。当你攀升到靛蓝层的时候，他人的信任将让你产生巨大的影响力。

像拉里·佩奇和萨尔曼·汗这样的钢铁型天才，就是因为其系统化思维和对细节的关注而闻名。他们都已经运用自己的能力创造了许多看起来简单、实则复杂的全球平台，获得了人们的信任。他们都已经借助这种信任获得支持，推行一些全球项目。拉里正和谷歌合作，搜集全世界的网络信息；萨尔曼正在经营可汗学院（Khan Academy，萨尔曼·可汗创立的一家教育性非营利组织。——译者注），其目标是为全世界的在校学生和成人提供免费的高品质教育。他们都在向公众免费提供这类知识。

当你了解世界上的鼓舞人心的领导者时，你会发现，他们想表达或相信的未来，和你自己想表达或相信的未来实际上并没有太大的差别。你们之间的区别是，这些领导者投入时间以获得引领大家前进的权利。他们遵循着属于自己天赋的道路，并攀登到了财富金字塔的顶点。但是，他们依然和你在同一条道路上攀登。如果你认为是拥有超人才能的人，那么你就放弃了和他们一样为世界带来影响的希望。如果你认为他们和你一样身处同一段旅途，并与你一样运用相同的财富 GPS 定位系统，只是目前所处的位置不同而已，那么你就可以在你和他所处的位置之间画一条直线，并且知道你和他们之间的差距其实就是两点之间的步骤。你们的色彩可能不同，但你们都是同一条彩虹的一个组成部分。

为什么真正富有的人喜欢说“一切归功于运气”？

为了攀升到财富金字塔最高的几个层级，你需要坚持和投入。尽管每个已经抵达财富魔力层的人都会告诉你，这一切都不是“我”的功劳。他们会把自己的成功大部分归功于运气，会对你说类似“我是在恰当的时间出现在了恰当的地点”这样的话。

真相是，我们的幸运是自己创造出来的。当我们设定一个节奏，并且找到一个远离压力的空间进入财富流，我们就打开了一个神奇的世界。当专业运动员产生这种感觉的时候，我们会说他们“处在巅峰状态”。他们会更能吸引球场上的球和射门机会，并已经准备好迎接机会的到来。

我们要如何增加自己的幸运？一个简单的方法就是把幸运（Luck）解读成 LUCK：地点（Location）、洞察（Understanding）、人际关系（Connections）与知识（Knowledge）。

地　点

大家知道，在运动比赛中，只有上场，你才能比赛。这意味着打比赛就要出现在恰当的地点。你还要为你的 5 种能量创造空间。这也就意味着，在比赛进行过程中，你还要出现在拥有自己所需资源的地方。每个行业都拥有一个本行业影响者和领导者互相联系的地方。如果你不在那个地方，你就没有上场。

洞 察

在场上并不意味着你最终能得分。你要明白，自己在场上的目的是踢球而非看比赛。理解了这一点，你就会改变自己的关注点。这意味着，你会开始寻找正在不断靠近你的机会。你会停下追逐球的脚步，观察其他人的位置，以及你在哪里可以最大程度地发挥自己的价值，并且基于这些认识给自己定位。这就是所谓的“在市场里补位”。你可以为他人提供的最大价值就是你可以借此获得大量财富流的资本。理解这点，将会改变你对财富流的认识。

人际关系

你可能在球场上传球，也准备好了要射门。但是，如果在球场上没有其他队员和你配合，你就需要等很长时间才能再次接触到球。人际关系实际上就是，当你和同时在赛场上比赛的人建立越多联系，你的财富流就会越强大。你和其他人分享的机会和资源越多，他们回馈你有就越多（前提是他们也是上场参赛者，而非场边的观众）。

知 识

即使你在恰当的时间出现在了恰当的地方，而且你的团队在传球给你，但如果你不知道如何射门，你依然无法得分。读书没法教会你怎么射门，你需要实践，因为即使知道了方法，但如果你不去实践，你依然还是无法真正理解。财富金字塔的每个层级都会指导你提升自己的射门能力，直到你自然而然就能得分。

为自己设定一种节奏，发展自己的地点、理解和人际关系，以及为你增加幸运的知识。这种节奏也会增加你的财富。实际上，“财富”这个词源自于罗马命运女神福尔图娜（Fortuna）的名字。当我们遵循财富流的时候，我们会找到属于自己的命运。它由 3 个元素组成：

运气：拥有好的命运就是拥有好运气，随着你的运气和同步性（Synchronicities，荣格把一个人梦见某人，不久就看到了这个人，或者一个人幻想着某件事，这件事就发生了等偶然性称为同步性。——译者注）越来越多，你就知道自己正走在正确的道路上。

财富：拥有好的命运意味着拥有财富。如果你感觉钱赚得很艰难，那么你就是在做不适合自己的事情。财富无法通过紧紧抓住来获得，而是要通过放手，并且追随你的财富流才会源源不断而来。

遗产：要知道自己的命运就要能够看到自己的未来。随着你追随自己的财富流并发挥自己的天赋，你会越来越明确自己的人生目的以及你将会留下的遗产。

在这种情况下，到了财富魔力层，你的天赋会变成你的遗产。4 种天才会留下各不相同的遗产。

我们内在都拥有一些伟大的事物，也有潜力留下属于自己的一笔遗产。当把命运分割成一个三角形，看着我们的运气、财富和遗产互相联系在一起，我们就会发现自己取得进步或远离财富流的迹象。我们可以增加生命中的神奇时刻，并且把那些神奇时刻转变为量子跃迁。

比尔·盖茨成为财富传奇的 3 个关键

如今，我们正在见证一群新的机遇创造者在财富金字塔上不断攀登，并且留下他们的遗产。他们正在探索解决我们这个时代重大问题的新方法。他们对事物拥有更深层次的理解，而且已经获得了很多人的信任。实际上，我们每个人都可以上升到这个层级。一次采取一个步骤，你就可以攀升到这里。因为即使是到了这一步，继续往上攀升也只需要遵循 3 个步骤。比尔·盖茨就是这样的一个例子，他是一名发电机型天才，从靛蓝层攀升到紫色层他采取了 3 个步骤：

认可你的权利。你不能确定自己已经成了紫色层作曲家。你是否已经抵达这个层级需要得到公众的认可。这种认可可能是一种正式的投票，例如总统选举或社区推举你成为领导者。但是，这远远超出了你的公司和股东们的能力范围。比尔·盖茨受到政府和机构支持公用事业的邀请，通过他和妻子创建的比尔及梅琳达·盖茨基金会，公众把领导权交托给了他。

完成你的乐曲。作曲家的能力是通过他所创造乐曲的品质体现出来的。这不仅仅是设定一个人生目标，这还是对你的前辈作曲家的一种深层理解，他们尝试过什么，他们是如何成功以及如何失败的。当比尔·盖茨把目光转向教育和全球健康的时候，他就成为了这个时代作曲家中的一员。

拥抱你的敌人。每个层级都会带你踏上一条通往大海更深处的旅程，那里的海浪，高者会比以往你所遇到的更高，低者也会比以往你所遇到的更低。当你成为一名作曲家的时候，会有人把你当成救世主，也会有人把你视为敌人。这就是为什么所有作曲家身边都有保卫人员，因为他们最大的风险就是失去自己的生命。比如，美国总统每天都会收到几十次威胁。你需要遵循的第三步就是淡定地面对自己在这个层级遇到的高点和低点。

财富金字塔的最高层：成为时代标志

紫色层的作曲家创作音乐，而紫外层的传奇人物就是我们这个时代的标志。地图上的传奇人物就是替代文字的标志。当你的目标变成了你的人生，而你的人生成为了一代人的标志，你就获得了传奇的地位。

紫色层作曲家不是独自遵循通往紫外层的 3 个步骤，而是他们创造出来的运动推动着他们采取这些步骤：

为你的目标赋予人性。想一想那些历史人物。纳尔逊·曼德拉一生反对南非的种族隔离，成为反种族隔离事业的标志性人物。

放下自我。当我们进入财富流的时候，我们会在工作中失去自我。当我们完全放下自我的时候，我们就愿意把事业放在高于生活的位置。所有传奇人物都会为了事业做出自我牺牲。使命是传奇人物生命的全部。

失去你的生命。很多作曲家在失去了自己的生命后才成为传奇人物。但是，也有一些传奇人物在活着的时候就成了自己所处时代的标志。

最后一个步骤就是紫外层成为财富金字塔最后一个层级，或者说终极层级的原因。从红外层到紫外层，财富金字塔中总共有 9 个层级。

所有人都在这 9 个层级间川流不息。我们都是相同的散发出光和热的量子跃迁运动中的一部分。只有把这些层级分离开来，我们才能看清层级与层级之间的阶梯，才能理解我们都是同一道彩虹中的一线光。

独特的财富天赋，独特的闪耀人生

在财富魔力层的 3 个层级中，你的天赋会一直闪耀。我们这个时代的受托者、作曲家和传奇人物通过发挥自己的天赋在世界舞台上发光发亮。在财富魔力层，你的天赋会成为你的遗产。

发电机型天才留下了创造的遗产

像托马斯·爱迪生和列奥纳多·达·芬奇那样的发电机型传奇人物，已经留下了创造力的遗产。今天的新发明来自大量的生活理念，这些理念启发我们创造出新的行为方式。作为一名发电机型天才，你留下的新发明、新创造可以改变整个人类的发展进程。

火焰型天才留下了信息的遗产

像约翰·列侬（John Lennon，英国摇滚乐队“披头士”成员，摇滚音乐家、诗人、社会活动家。——译者注）和马丁·路德·金那样的火焰型传奇人物，为我们留下了一笔信息的遗产。他们的话语已经使我们改变了思考方式，以及我们愿意相信和奋斗的东西。作为一名火焰型天才，你传递的信息可以引起一场运动并带来持续的变化。

节奏型天才留下了行动的遗产

像尼尔逊·曼德拉和特蕾莎修女那样的节奏型传奇人物，已经通过他们实践自己价值的方式留下了属于自己的遗产。他们做出的榜样已经促使我们改变了行为方式和价值观。作为一名节奏型天才，你拥有在所有逆境中活出真我的能力，可以改变一代人的行为。

钢铁型天才留下了思维的遗产

像美国“钢铁大王”安德鲁·卡内基和艾萨克·牛顿那样的钢铁型传奇人物，已经留下了知识的遗产。他们的思想已经改变了我们的思考方式以及理解世界的视角。作为一名钢铁型天才，你理解世界的方式可能会导致整个国家思维方式的转变。

在实行百万富翁成长计划的道路上，我们会借助地图上这些传奇人物的标识，帮助我们辨明自己的方向。他们就像为我们确定方向的标志，直到最终我们自己成为标志，成为我们时代的传奇人物。

行动要点

成功人士开启每一天的 8 个问题

你并不需要等到遥远的未来才能体验到财富魔力层的神奇。你可以从今天就开始，因为你已经是你自己生活的作曲家了。那么，你知道自己有能力创造属于自己的音乐，以及每天如何创作，使每一天都成为一曲绝唱吗？

如果每天都没有计划，那么你将走向失败。你可能每天早上都会默念一条咒语，但随着时间的流逝，咒语常常会失去力量，因为人的大脑在一遍又一遍听到相同的东西之后会变得麻木。如果你有锻炼或冥想的习惯，那是一个好的开始。但是，尽管这些活动可能会使你平静放松，只要你开始投入日常活动中，压力就又会回来。

我遇到过的所有成功人士都会在每天一早完成一些常规活动，并调整自己进入一种常规节奏，这些活动和节奏可以使他们保持高水平的表现。每天，我都会用这 8 个问题设定我的节奏。在过去的 20 年里，我每天都会问自己这 8 个问题。

当我处于红外层的紧急状态时，这些问题会使我平静下来；当我攀升财富金字塔时，它们帮助我保持专注，为我开启新的可能，因为我常常会对这 8 个问题给出不同的答案。

我的 8 个问题可以像财富金字塔每个层级的 3 个步骤一样被分成 3 大块：到场（专注于你目前的生活）、提升（现在就采取正确的步骤）以及回馈（传递财富流，和宇宙共舞以及体验崭新每一天的神奇之处）。

每天问自己这些问题，在你逐步适应它们时进行适当的修改。

到　场

我感谢什么？通常我的答案并不会令我感到惊讶：我的家庭、我的健康或刚刚发生的一些非常棒的事情。有时候是一件意料之外的事情，比如从头一天的争论或正在经历的一个难题中学到的东西。无论什么情况，用感谢开启新的一天可以令你忘却内心的任何负能量。

我爱谁？这个问题也可能出现出乎意料的答案。通常而言，我在问自己这个问题的时候，眼前会浮现家人和朋友的脸，但有时我也会看到某个令我沮丧或不快乐的人。这个问题会使爱像雨水般降临到你的生活中，而且可以使你看清许多人际关系方面的问题。

我为什么这么快乐？当我因为很多事情感到快乐时，问这个问题无疑会锦上添花。当我遇到很多令我不怎么开心的问题时，问这个问题可以有效改变我的情绪。它会让你相信，尽管生活里有许多不快乐的事情或压力存在，但你是快乐的，而且可以帮助你找到内心的幸福和满足。

提　升

我最重要的承诺是什么？这个问题使我最重要的承诺显现出来。它可能是一个行动，一种感觉，或是一个需要联系的人。在每天结束时回顾一下自己是否实现了这个承诺。如果你实现了，你将拥有美好的一天。如果你还没有实现，那么在第二天重新做出承诺。

我实现承诺的决心有多大？如果我对某些事情已经拖延了一段时间，那么这个问题可以促使我思考承诺的可实现性，或者让我改变自己的承诺。例如，当你身处红外层，你的承诺可能是“测量我的现金流”。如果连续几天的答案都是它，你的潜意识就会推动你找到一种实现承诺的方法。

回　馈

我的目标是什么？ 这个问题的意思是，今天你可以给自己的世界带来什么。我可能会给出一些笼统的答案——微笑或是自律；或是一些具体的答案——去跑步或是准时赴约。每天确定一个目标可以让这一天过起来有滋有味。

我的愿望是什么？ 这个问题的意思是，你的世界可以为你施展什么神奇魔法。我所处的位置离财富流越近，这个问题对于我而言就越具有魔力。我曾经许过一些愿，比如希望有人能帮我处理账目，希望一个新合作伙伴给我打电话，以及希望我找到期盼已久的答案等。后来，这些愿望真的实现了。

我为什么要站在这个位置？这个问题是所有问题中最重要的一个，它和你的更高目标有关。我的回答会随着我是在思考这个时刻，还是活在这个星球上的问题而产生变化。

我曾经遇到过各个层级的人，他们中的很多人都对我说，他们没有给自己留出时间。我告诉他们，除非他们自己找到时间，否则什么都不会改变。所以，为自己留出一些时间，每天早上先问自己这 8 个问题。把每一天都看成迈向光明未来的新开始，每一天都向未来的自己迈进一步，不断朝向财富金字塔的更高处攀升。你未来的自己将会感谢你现在付出的努力。

后　记

点亮世界，发现真正的财富秘密

2010 年的时候，我们从埃及亚历山大市盖贝依城堡最高处的一扇窗向外俯瞰这个城市。

我正在对我的孩子们讲述翡翠石碑（Tabula Smaragdina，赫尔墨斯·特里斯墨吉斯忒斯所创作的记载神代睿知的翠玉石碑。——译者注）的故事。在神话故事中，赫尔墨斯·特里斯墨吉斯忒斯在这块石碑上撰文。后来，亚里士多德把这块石碑上的文字所蕴含的力量告诉了他的一位学生。那位学生就是马其顿国王的儿子，也就是后来著名的亚历山大大帝。据传说，亚历山大大帝后来在埃及发现了这块翡翠石碑。

传说，石碑被找到之后依然被续写。亚历山大做了一个梦，让他前往埃及地中海沿岸的一个名叫法罗斯的小岛。他去了，而且在小岛周围建造了亚历山大城——这里就是发现翡翠石碑的地方。不到 10 年，亚历山大城已经成为西方世界重要的贸易与文化交流中心。亚历山大城拥有一座大图书馆，其中收藏了上古书卷的手抄本。这里也是古埃及最后一位女王克丽奥佩特拉的住所。

亚历山大大帝去世以后，法罗斯岛上建起了亚历山大灯塔。塔楼由 3 层组成，分别反映翡翠石碑的 3 个部分。亚历山大灯塔是世界著名的“七大奇观”之一，在其诞生之后的很多世纪里，是仅次于金字塔的世界第二高建筑。

在讲述这个故事时，我和家人所在的城堡正是1 000年前在亚历山大灯塔沉入海底之后修建起来的。

在亚历山大灯塔沉入大海之前，人们一直把它视为仁爱的象征：回家的人把它视为安全的象征，那些向广阔大海进发的人则把它视为冒险的象征。亚历山大灯塔，就像翡翠石碑。而这本书以及书里提到的财富金字塔，都隐藏着一个秘密，一个隐藏在众目睽睽之下的秘密。

这个秘密就是：我们就是财富金字塔。我们每个人都蕴含着宇宙的力量。我们的潜能等待被释放的那一刻。这个秘密，并不在财富金字塔的每个层级和引领你攀登到顶峰的所有步骤里。这个秘密是，一切都是为了照亮。点亮自己，我们就可以释放出照亮周围人的力量。

所以，你无法在这本书里找到真正的财富秘密。**只有当你合上这本书，开始了解自己的天赋，遵循自己的财富流，在财富金字塔上一步步攀登，给予他人回馈并点亮世界时，你才能发现真正的财富秘密。**

记住，如果你迷了路，你只需要重新翻开这本书。打开测试网站再测试一次，重新定位你的财富层级，找到想去的方向以及抵达的方式即可。

我们都在寻找一座能照亮前进道路的灯塔，但我们都没有意识到灯塔其实就在我们心中。我写这本书是为了你，也是为了我自己，因为我们都是一样的。与此同时，我们也是不同的。我们每个人都是相同海岸上的一座座灯塔。我们共同点亮了这个世界。

绝对成交之
一个房地产
销售教父
的自白
为什么不管多难卖，
他都卖得掉，
还能卖出好价钱？
10年成交金额超35亿美元，
纽约销售之神首度公开绝技
微博、微信等当红社交APP圈粉与销售技巧大公开

“iHappy 书友会”会员申请表

姓　名（以身份证为准）：__________　性　别：__________

年　龄：__________　职　业：__________

手机号码：__________　E-mail：__________

邮寄地址：__________　邮政编码：__________

微信账号：__________（选填）

请严格按上述格式将相关信息发邮件至中资海派“iHappy 书友会”会员服务部。

邮　箱：zzhpHYFW@126.com

微信联系方式：请扫描二维码或查找 zzhpszpublishing 关注“中资海派图书”

<table>
<tr><td rowspan="8">优惠订购</td><td colspan="2">订阅人</td><td></td><td>部　门</td><td></td><td>单位名称</td><td colspan="2"></td></tr>
<tr><td colspan="2">地　址</td><td colspan="6"></td></tr>
<tr><td colspan="2">电　话</td><td colspan="3"></td><td>传　真</td><td colspan="2"></td></tr>
<tr><td colspan="2">电子邮箱</td><td></td><td>公司网址</td><td></td><td>邮　编</td><td></td><td></td></tr>
<tr><td>订购书目</td><td colspan="7"></td></tr>
<tr><td rowspan="2">付款方式</td><td>邮局汇款</td><td colspan="6">中资海派商务管理（深圳）有限公司
中国深圳银湖路中国脑库 A 栋四楼　邮编：518029</td></tr>
<tr><td>银行电汇或转账</td><td colspan="6">户　名：中资海派商务管理（深圳）有限公司
开户行：招行深圳科苑支行
账　号：81 5781 4257 1000 1
交通银行卡户名：桂林　卡　号：622260 1310006 765820</td></tr>
<tr><td>附注</td><td colspan="7">1. 请将订阅单连同汇款单影印件传真或邮寄，以凭办理。
2. 订阅单请用正楷填写清楚，以便以最快方式送达。
3. 咨询热线：0755-25970306 转 158、168　传　真：0755-25970309 转 825
E-mail: szmiss@126.com</td></tr>
</table>

→利用本订购单订购一律享受九折特价优惠。

→团购 30 本以上八五折优惠。